超易上手

象棋兑子
技巧训练

刘锦祺　编著

化学工业出版社

·北京·

图书在版编目（CIP）数据

超易上手：象棋兑子技巧训练 / 刘锦祺编著.

北京：化学工业出版社，2024. 8. -- ISBN 978-7-122
-45849-0

Ⅰ. G891.2

中国国家版本馆 CIP 数据核字第 20242MY114 号

责任编辑：杨松淼　　　　　　　　　　　装帧设计：张　辉

责任校对：宋　玮

出版发行：化学工业出版社（北京市东城区青年湖南街13号　邮政编码100011）

印　　装：大厂聚鑫印刷有限责任公司

880mm×1230mm　1/32　印张6　字数200千字　2024年8月北京第1版第1次印刷

购书咨询：010-64518888　　　　　　　售后服务：010-64518899

网　　址：http：// www.cip.com.cn

凡购买本书，如有缺损质量问题，本社销售中心负责调换。

定　　价：49.80元　　　　　　　　　　　版权所有　违者必究

前　言

　　兑子战术通常是指双方价值相当的强子进行交换，它是象棋诸多战术中，运用最为广泛的一种战术。"兑子"本身不是目的，而是一种手段，通过兑子可使自己的子力处于较为有利的位置，有时可一举打开局面或解除危机。

　　通常情况下，兑子战术有三种分类方法。

　　依据兑子战术的发起者不同，兑子战术包括主动兑子战术和被动兑子战术。其中，主动兑子战术是指我方主动邀兑对方，由对方选择兑或者不兑。而被动兑子战术是指我方运用战术，逼迫对方只能主动与我方进行子力交换，这种兑子战术通常带有强迫性。

　　依据兑子的位置不同，兑子战术可分为间接兑子和直接兑子。其中，间接兑子是指双方在不同的位置相互吃掉对方的子力，双方损失棋子的子力价值相等。而直接兑子则是在同一位置上直接进行的子力交换。

　　依据兑子的兵种，兑子战术还可分为同兵种兑子和不同兵种兑子。其中，同兵种兑子是相同的兵种子力进行直接或间接的兑子，如兑马、兑炮等。不同兵种兑子是指相同子力价值的强子间进行的交换，主要体现为马炮互换或一车换双。

正如前面所讲，兑子作为一种战术手段，为的是达到特定的作战目的，这些目的通常包括争先、占位、简化局面、解危、谋子等。

本书在框架上分为兑车、兑马、兑炮、兑兵、一车换双、马炮互换共六大部分内容进行编写，每部分习题为一章，部分章内又根据战术目的的不同分为争先、占位、简化、解危、谋子等不同的战术目标来练习。全书共包含460道练习题，参考答案统一附在全部习题之后，并且在参考答案的结论中，会明确告知通过兑子而实现的战术效果。

书中战术效果的结论是站在红方角度来进行衡量的，按红方最终收获的局面结果依次分为红优、红方主动、红方易走、均势、大体均势。

本书所选习题均经过反复推敲和精心挑选。读者通过反复练习，可以提升捕捉战机的能力，从而有效提升全局的作战能力。

刘锦祺

2024 年 8 月

目 录

第1章 兑车

争先

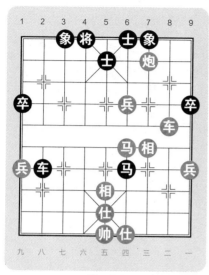

第1题

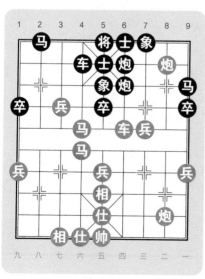

第3题

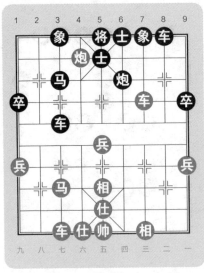

第 5 题

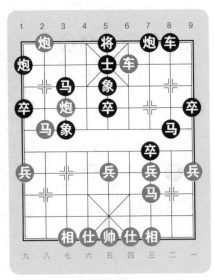

第 6 题

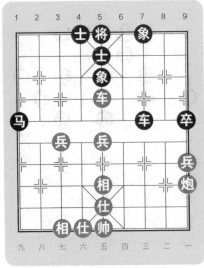

第 7 题

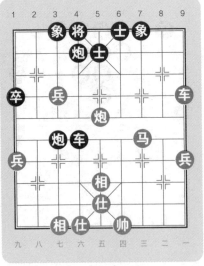

第 8 题

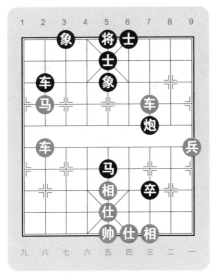

第 9 题

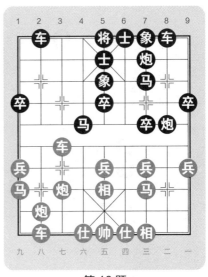

第 10 题

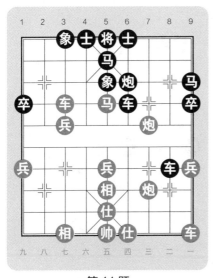

第 11 题

第 12 题

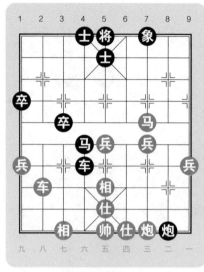

第13题

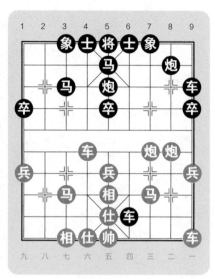

第14题

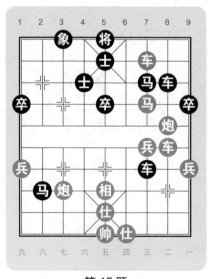

第15题

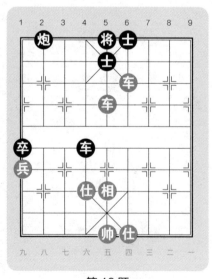

第16题

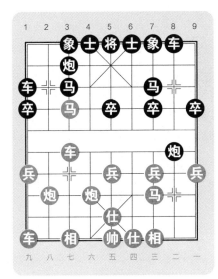

第 17 题

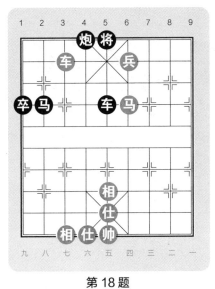

第 18 题

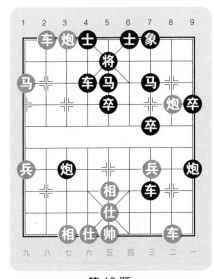

第 19 题

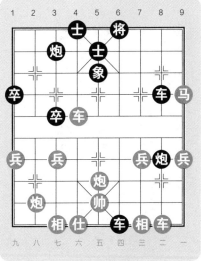

第 20 题

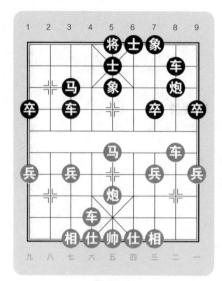

第21题

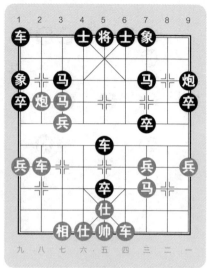

第22题

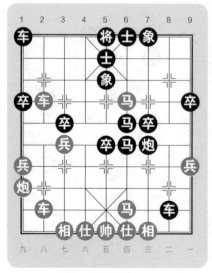

第23题

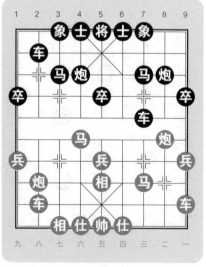

第24题

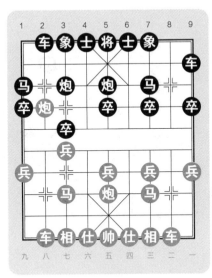

第 25 题

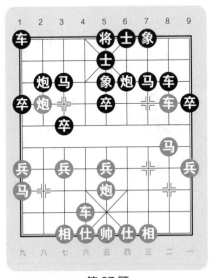

第 27 题

第 26 题

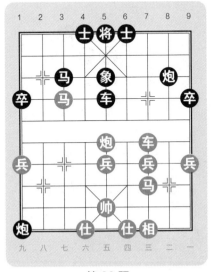

第 28 题

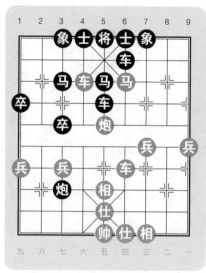

第29题

第30题

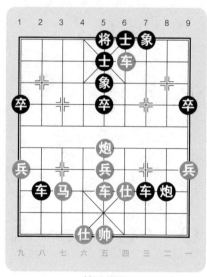

第31题

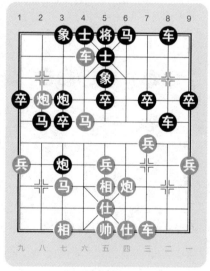

第32题

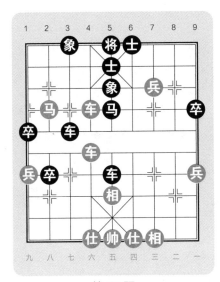

第 33 题

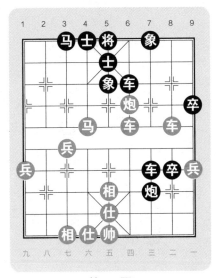

第 34 题

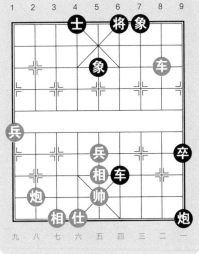

第 35 题

第 36 题

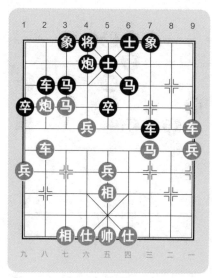

第37题

第38题

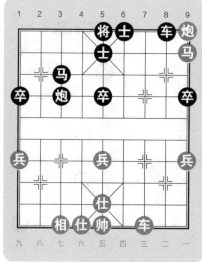

第39题

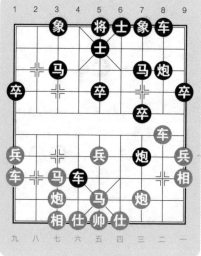

第40题

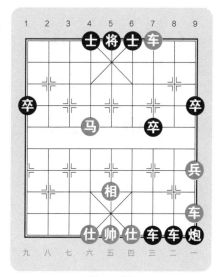

第 41 题

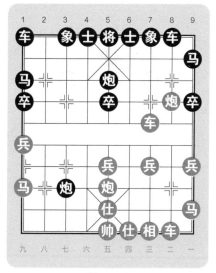

第 42 题

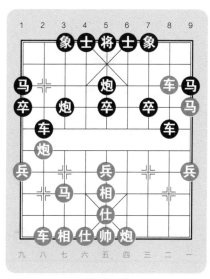

第 43 题

第 44 题

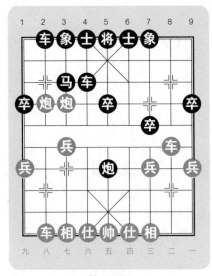

第 45 题

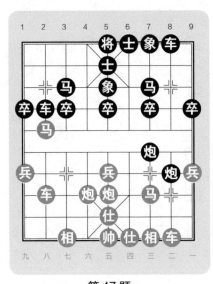

第 47 题

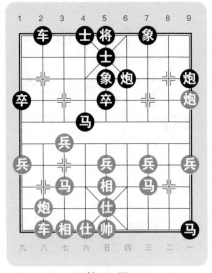

第 46 题

第 48 题

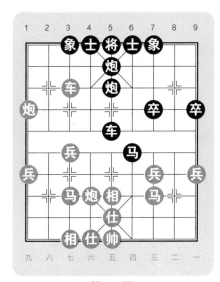

第 49 题

第 50 题

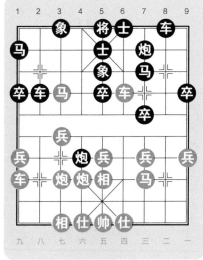

第 51 题

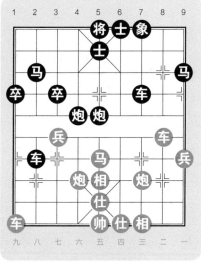

第 52 题

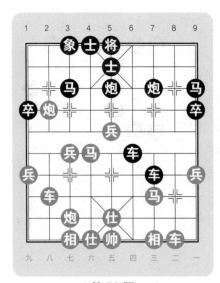

第 53 题

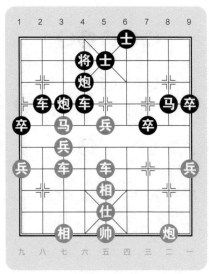

第 54 题

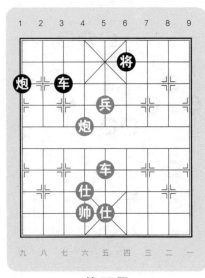

第 55 题

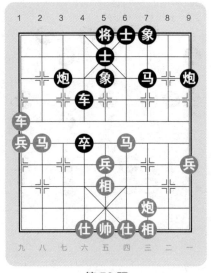

第 56 题

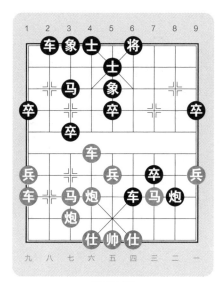

第 57 题

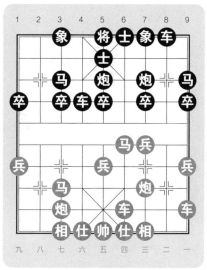

第 58 题

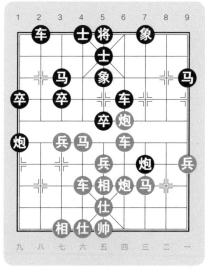

第 59 题

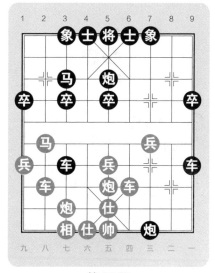

第 60 题

占位

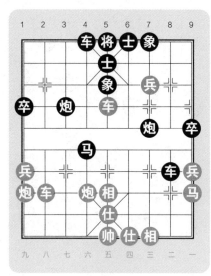

第61题

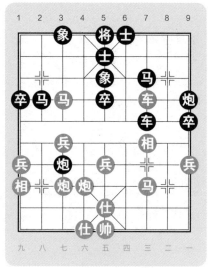

第62题

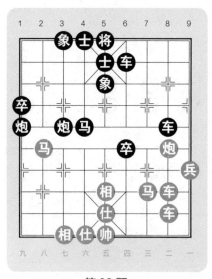

第63题

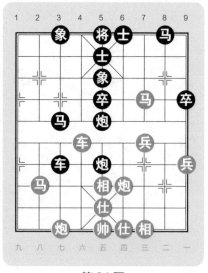

第64题

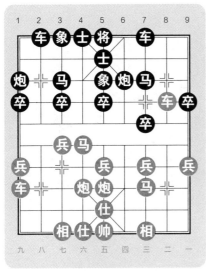

第 65 题

第 66 题

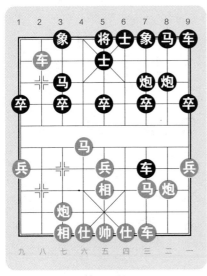

第 67 题

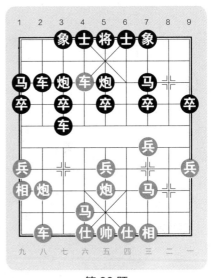

第 68 题

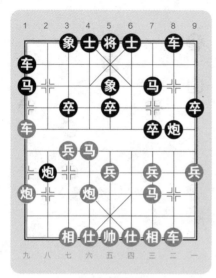

第69题

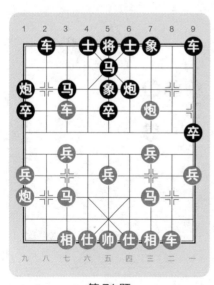

第71题

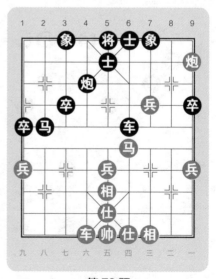

第70题

第72题

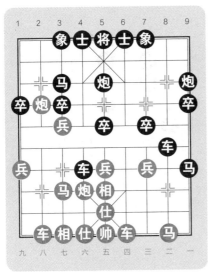

第73题

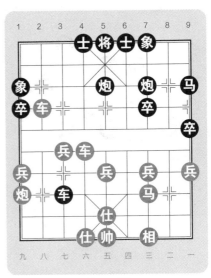

第74题

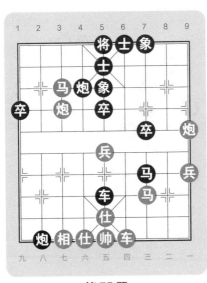

第75题

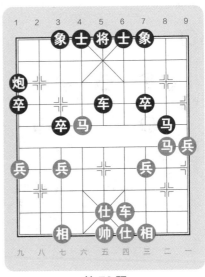

第76题

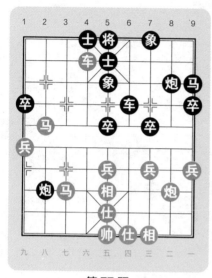

第77题

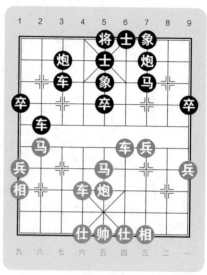

第78题

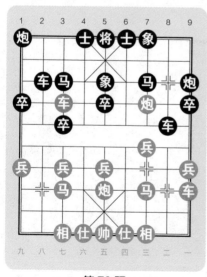

第79题

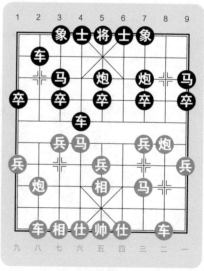

第80题

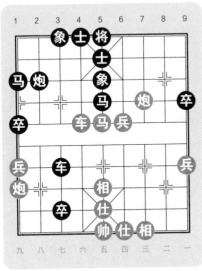

第81题

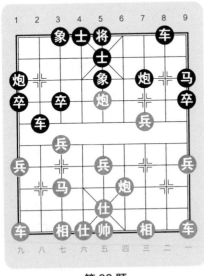

第83题

第82题

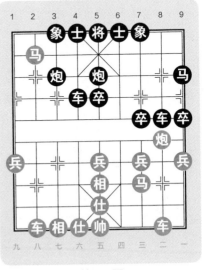

第84题

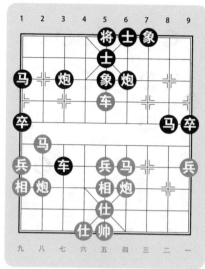

第85题

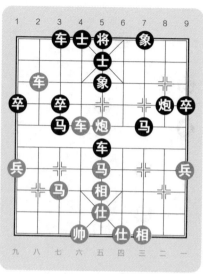

第86题

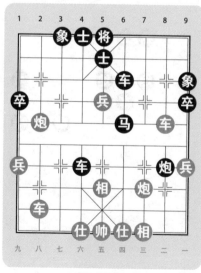

第87题

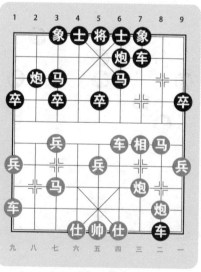

第88题

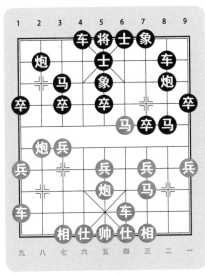

第89题

第90题

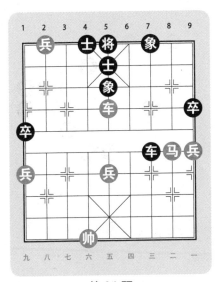

第91题

第92题

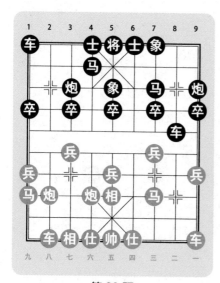

第93题

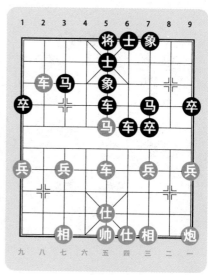

第94题

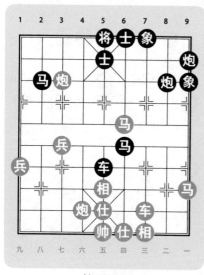

第95题

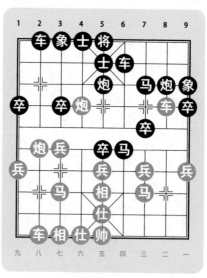

第96题

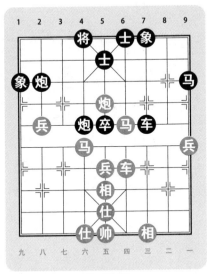

第 97 题

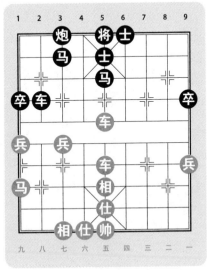

第 98 题

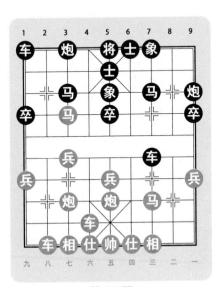

第 99 题

第 100 题

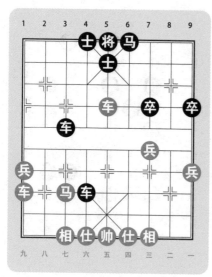

第 101 题

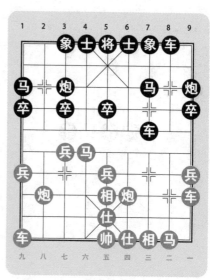

第 102 题

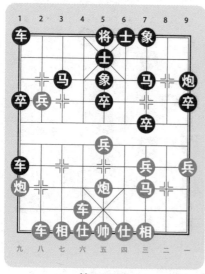

第 103 题

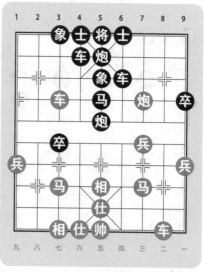

第 104 题

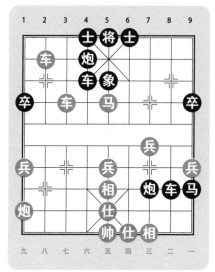

第 105 题

第 106 题

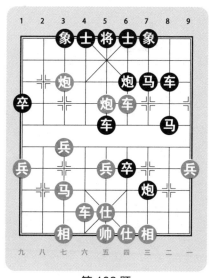

第 107 题

第 108 题

简化、解危

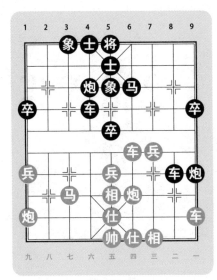

第 109 题

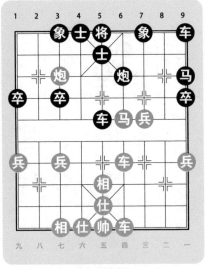

第 110 题

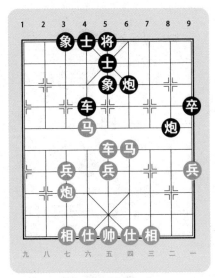

第 111 题

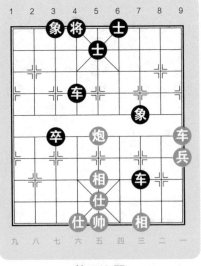

第 112 题

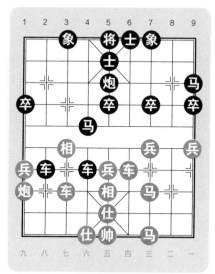

第113题

第114题

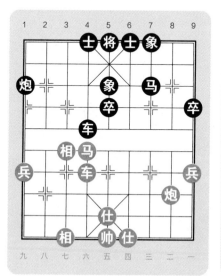

第115题

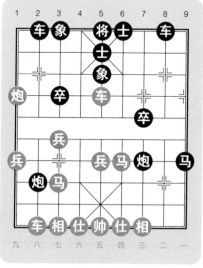

第116题

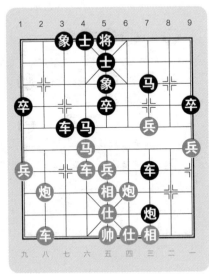

第117题

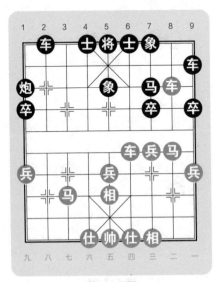

第118题

第119题

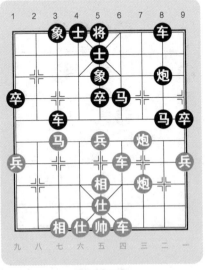

第120题

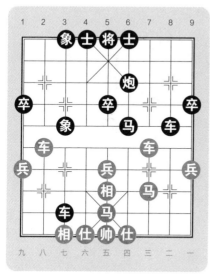

第 121 题

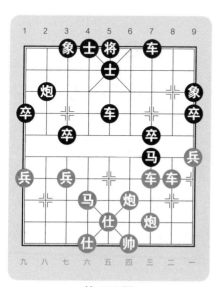

第 123 题

第 122 题

第 124 题

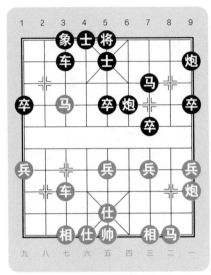

第 125 题

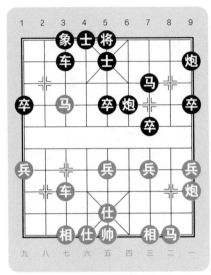

第 126 题

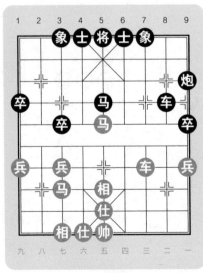

第 127 题

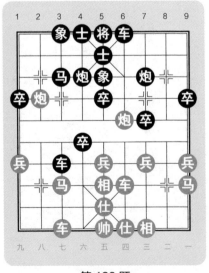

第 128 题

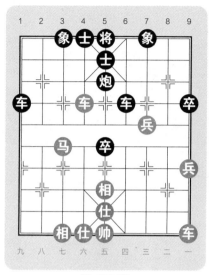

第 129 题

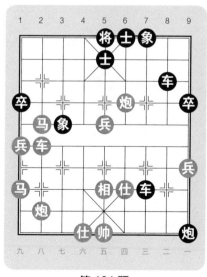

第 130 题

第 131 题

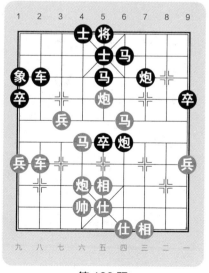

第 132 题

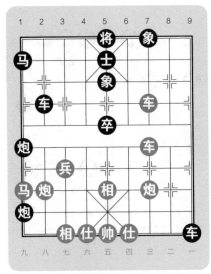

第 133 题

第 134 题

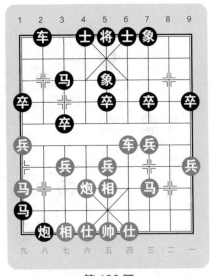

第 135 题

第 136 题

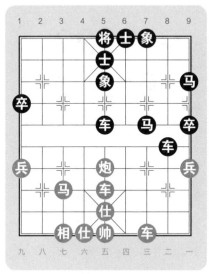

第137题

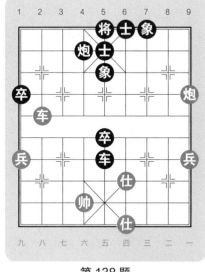

第138题

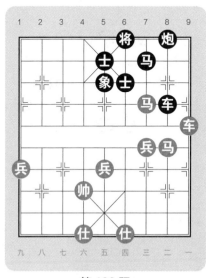

第139题

第140题

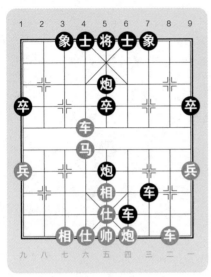

第 141 题

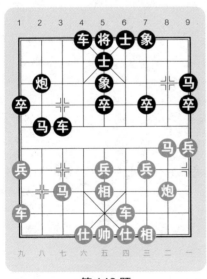

第 142 题

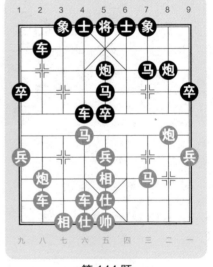

第 143 题

第 144 题

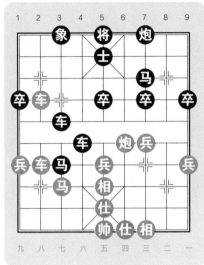

第 145 题

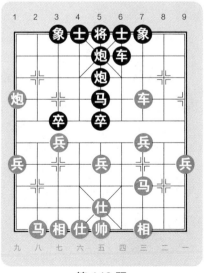

第 146 题

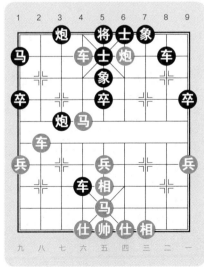

第 147 题

第 148 题

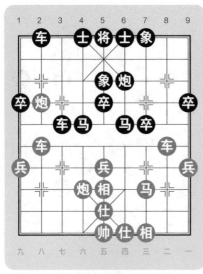

第 149 题

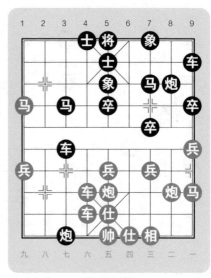

第 150 题

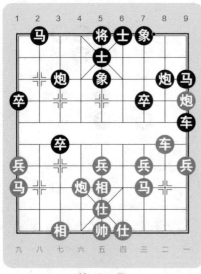

第 151 题

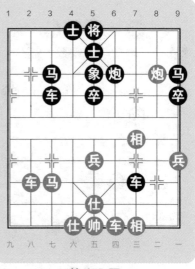

第 152 题

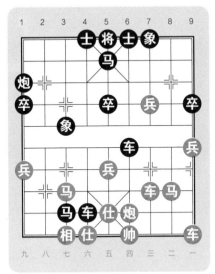

第 153 题

第 154 题

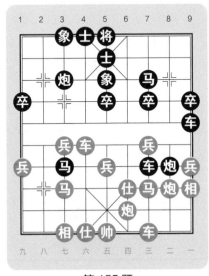

第 155 题

第 156 题

谋子（含谋士象）

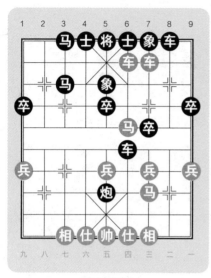

第157题

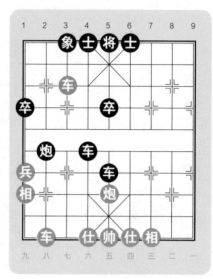

第158题

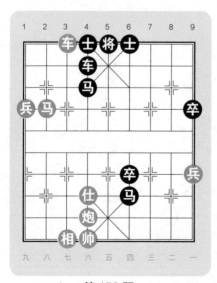

第159题

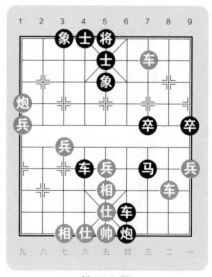

第160题

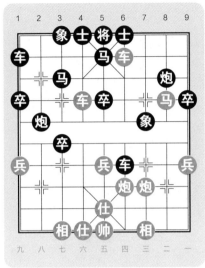

第 161 题

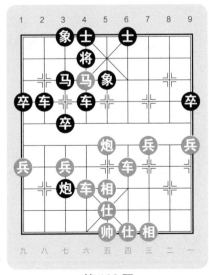

第 162 题

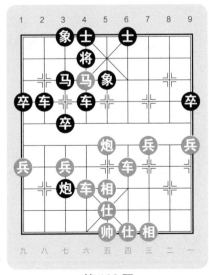

第 163 题

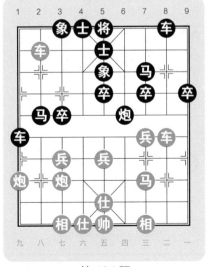

第 164 题

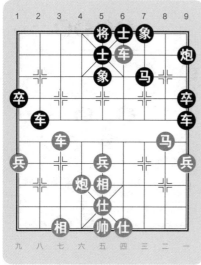

第 165 题

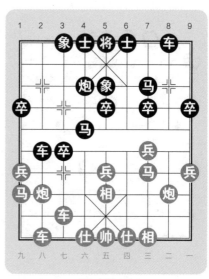

第 166 题

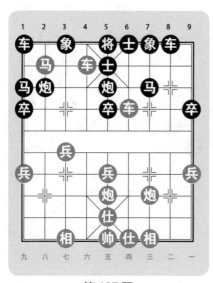

第 167 题

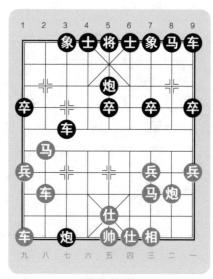

第 168 题

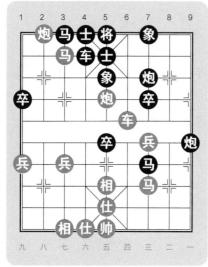

第 169 题

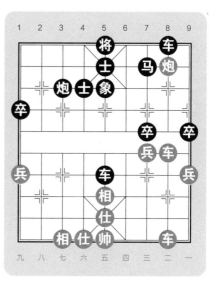

第 170 题

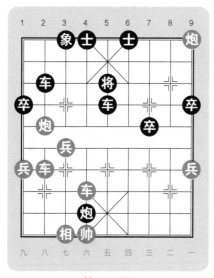

第 171 题

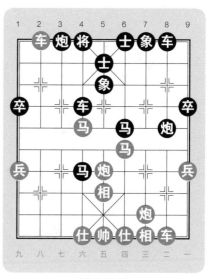

第 172 题

第2章 兑马

争先

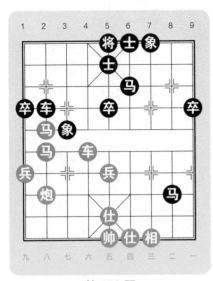

第173题

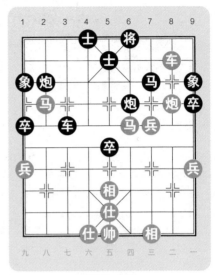

第174题

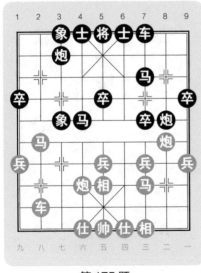

第175题

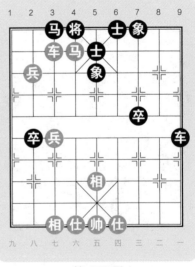

第176题

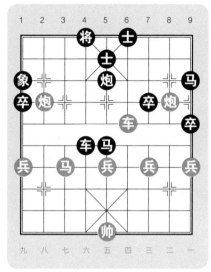

第 177 题

第 178 题

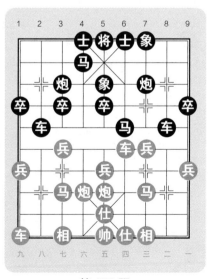

第 179 题

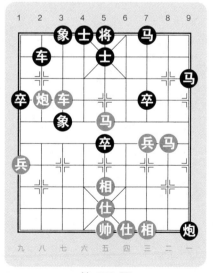

第 180 题

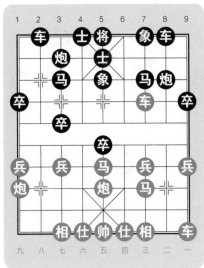

第 181 题

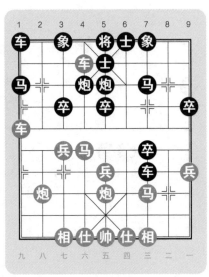

第 182 题

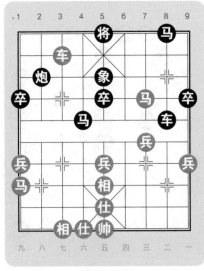

第 183 题

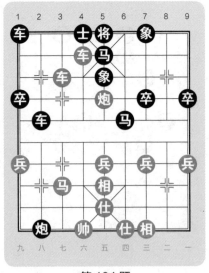

第 184 题

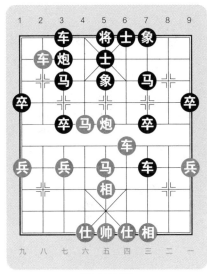

第 185 题

第 186 题

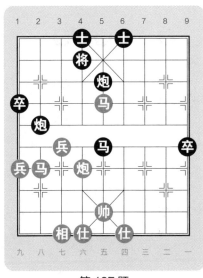

第 187 题

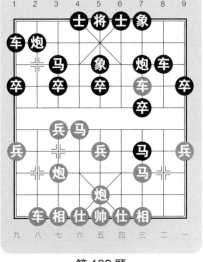

第 188 题

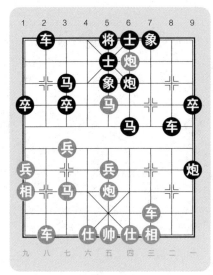

第189题

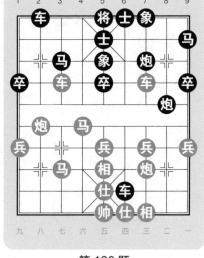

第190题

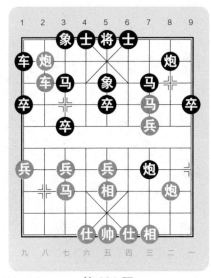

第191题

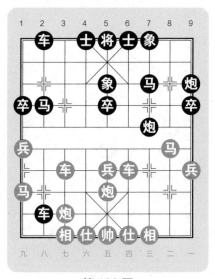

第192题

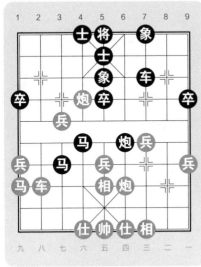

第 193 题

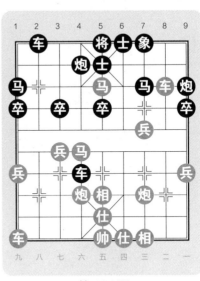

第 194 题

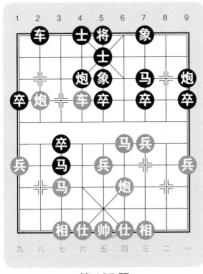

第 195 题

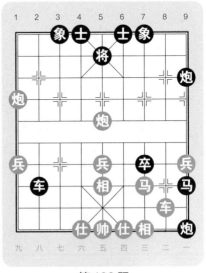

第 196 题

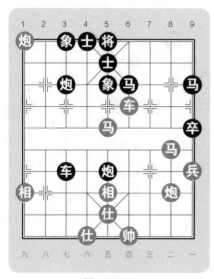

第 197 题

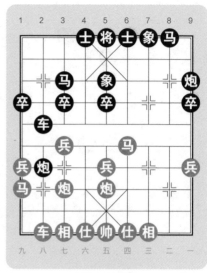

第 198 题

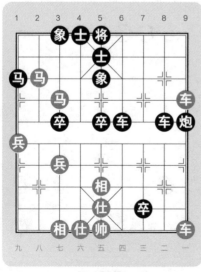

第 199 题

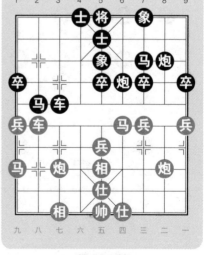

第 200 题

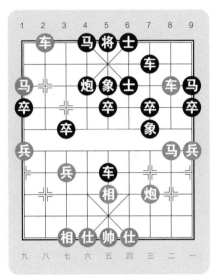

第 201 题

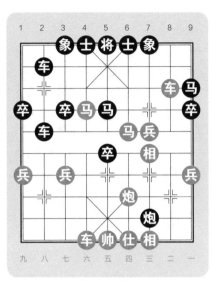

第 202 题

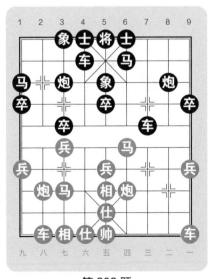

第 203 题

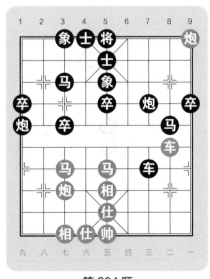

第 204 题

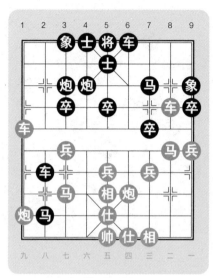

第 205 题

第 206 题

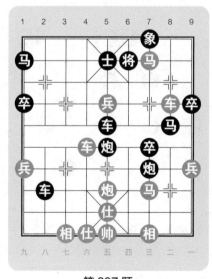

第 207 题

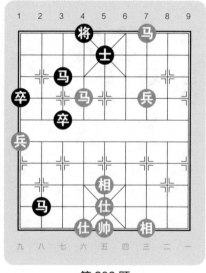

第 208 题

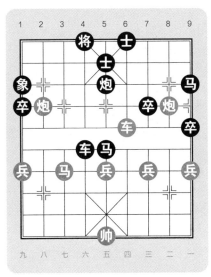

第 209 题

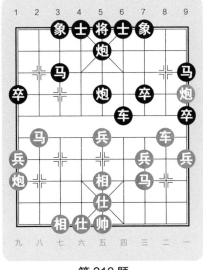

第 210 题

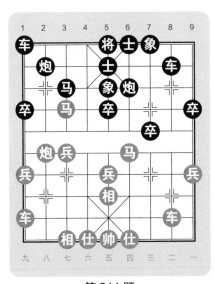

第 211 题

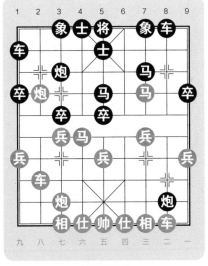

第 212 题

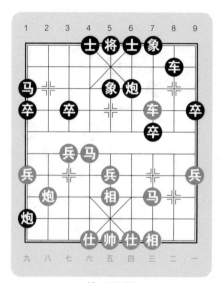

第213题

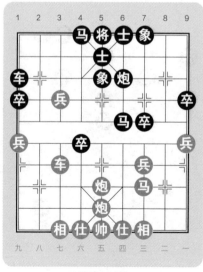

第215题

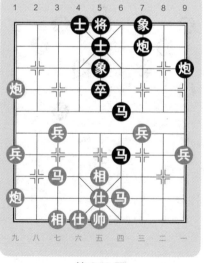

第214题

第216题

占位

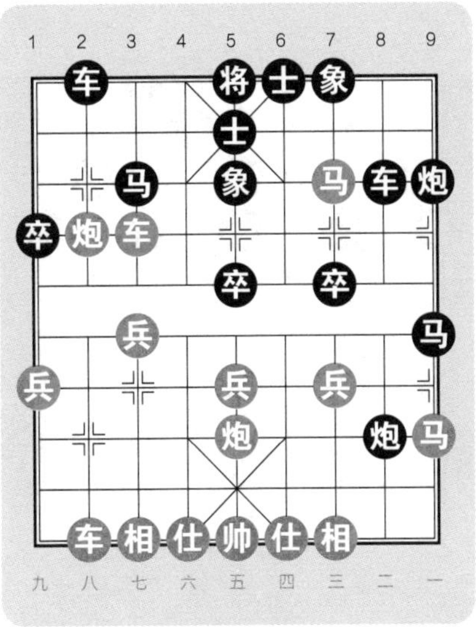

第 217 题

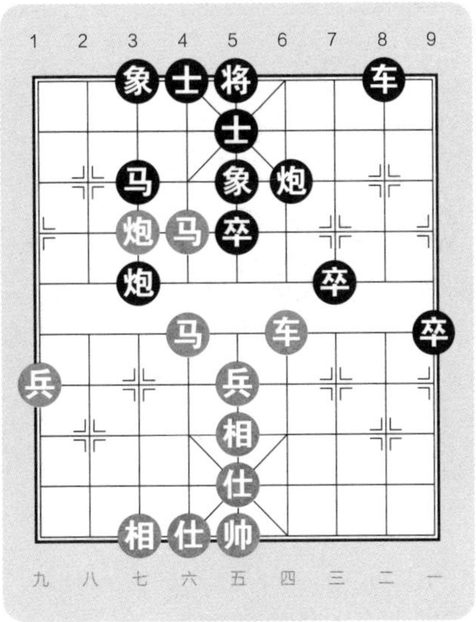

第 218 题

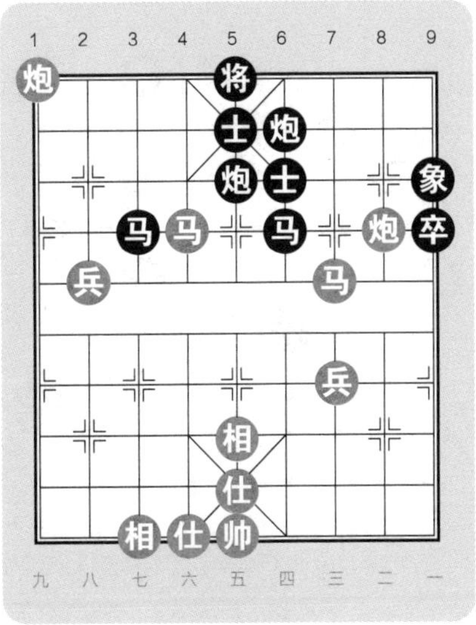

第 219 题

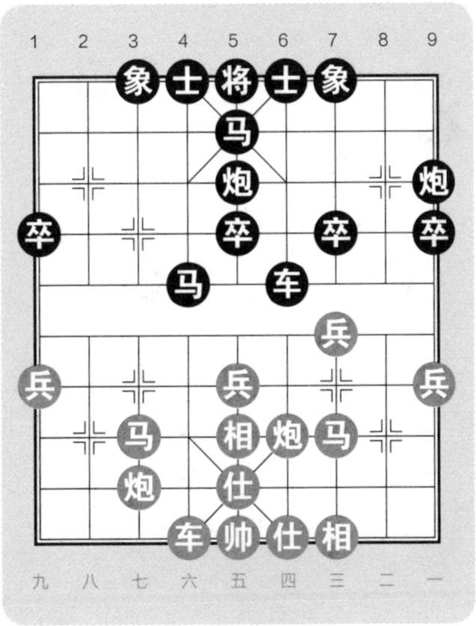

第 220 题

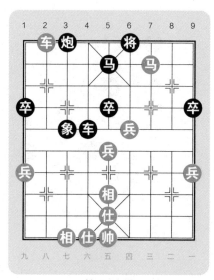

第 221 题

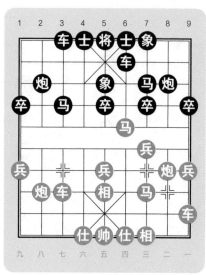

第 222 题

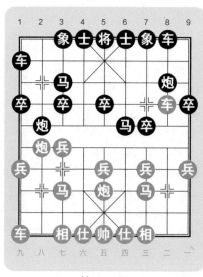

第 223 题

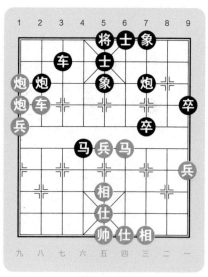

第 224 题

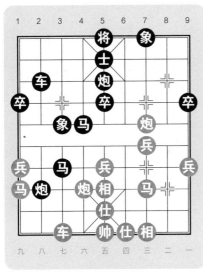

第 225 题

第 226 题

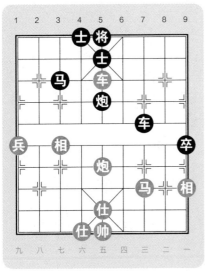

第 227 题

第 228 题

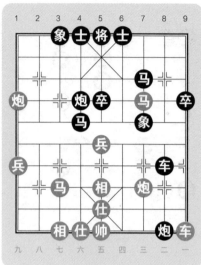

第 229 题

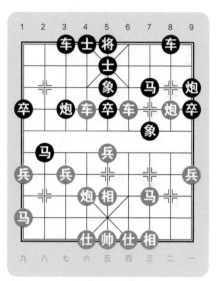

第 230 题

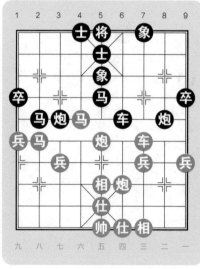

第 231 题

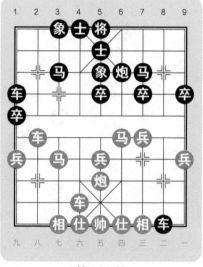

第 232 题

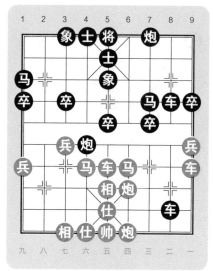

第 233 题

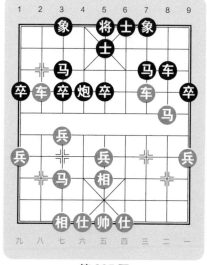

第 235 题

第 234 题

第 236 题

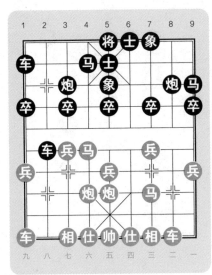

第 237 题

第 238 题

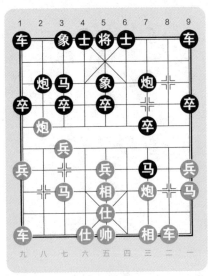

第 239 题

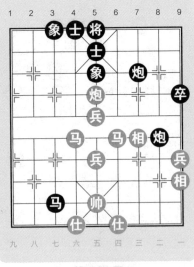

第 240 题

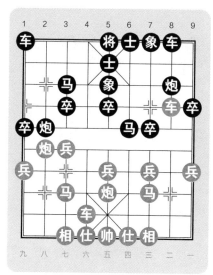

第 241 题

第 242 题

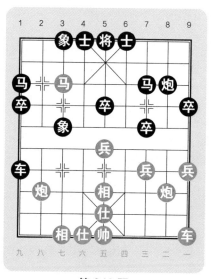

第 243 题

第 244 题

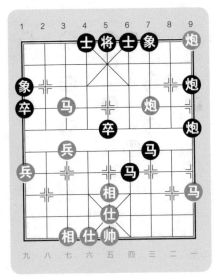

第 245 题

第 246 题

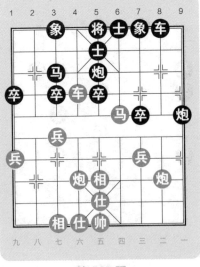

第 247 题

第 248 题

简化、解危

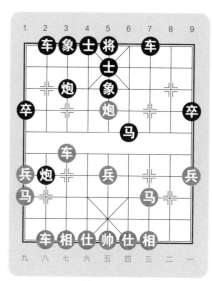

第 249 题

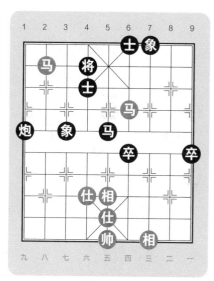

第 250 题

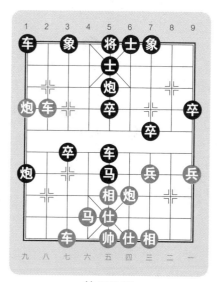

第 251 题

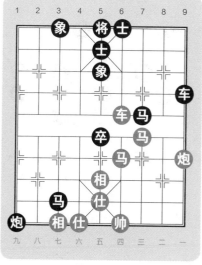

第 252 题

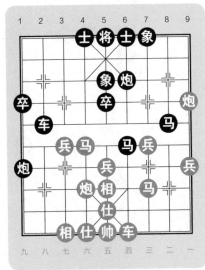

第 253 题

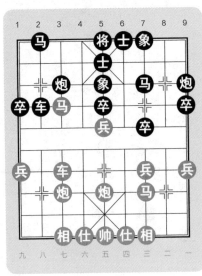

第 254 题

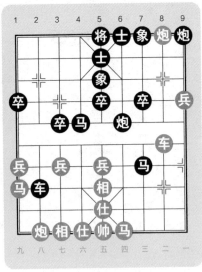

第 255 题

第 256 题

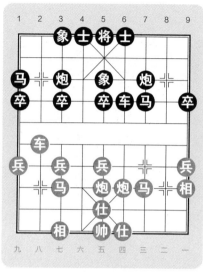

第 257 题

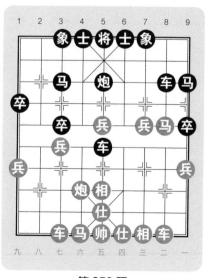

第 259 题

第 258 题

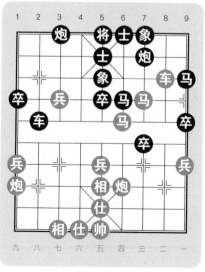

第 260 题

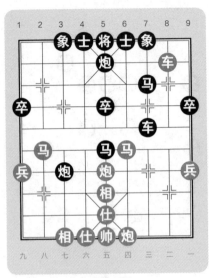

第 261 题

第 262 题

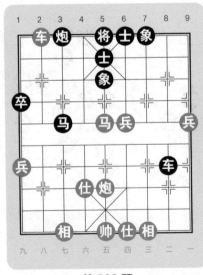

第 263 题

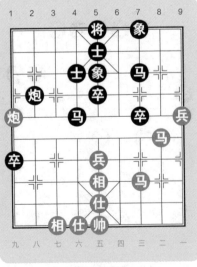

第 264 题

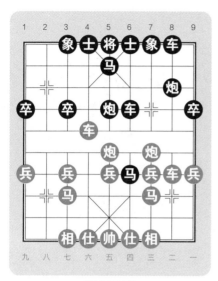

第 265 题

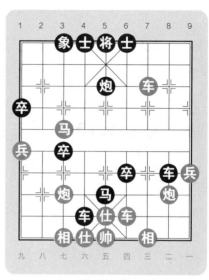

第 266 题

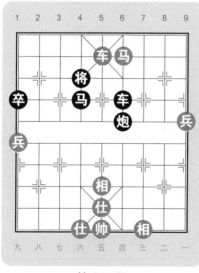

第 267 题

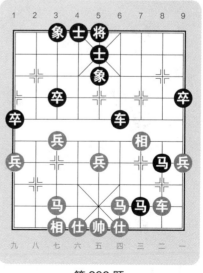

第 268 题

谋子（含谋士象）

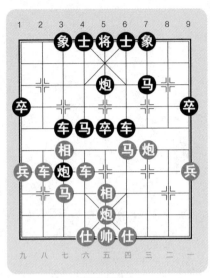

第269题

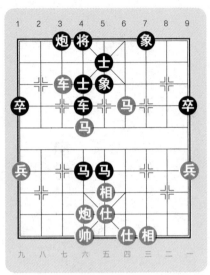

第270题

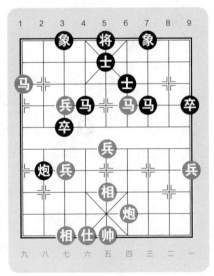

第271题

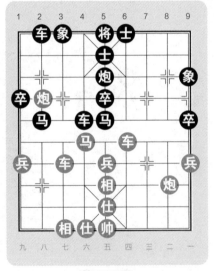

第272题

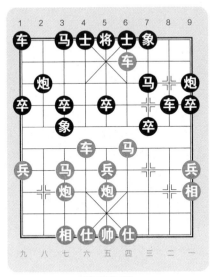

第 273 题

第 274 题

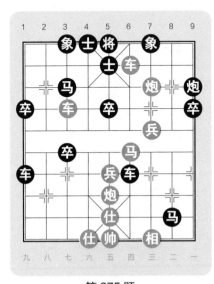

第 275 题

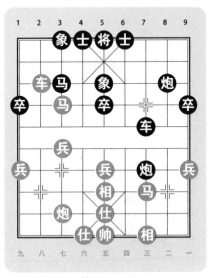

第 276 题

第 3 章　兑炮

争先

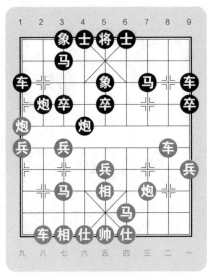

第 277 题

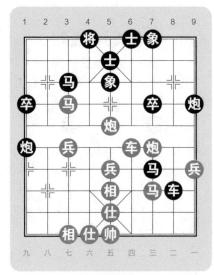

第 278 题

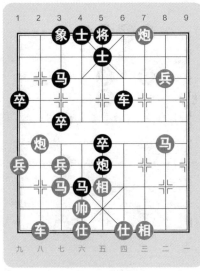

第 279 题

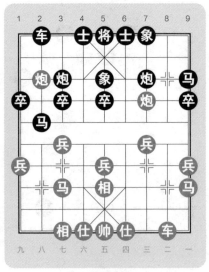

第 280 题

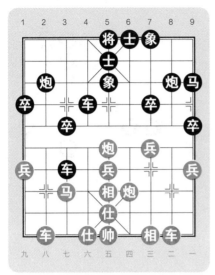

第281题

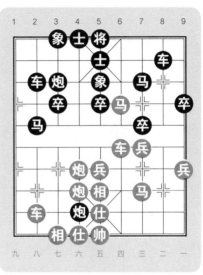

第282题

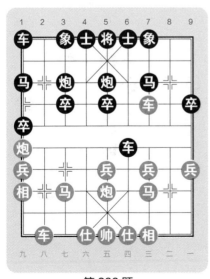

第283题

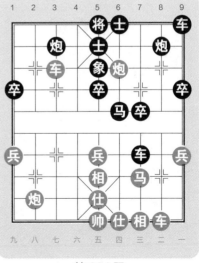

第284题

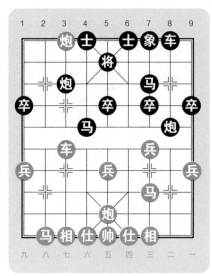

第285题

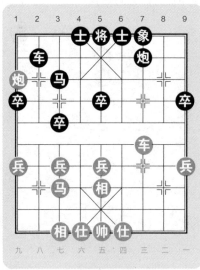

第287题

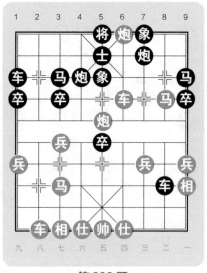

第286题

第288题

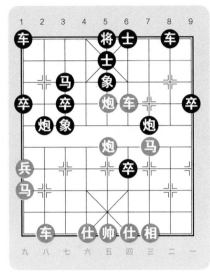

第 289 题

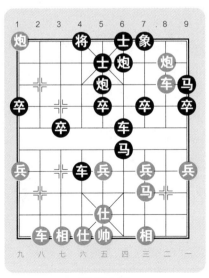

第 291 题

第 290 题

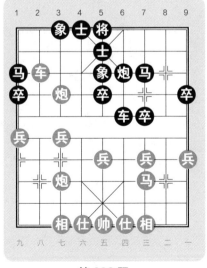

第 292 题

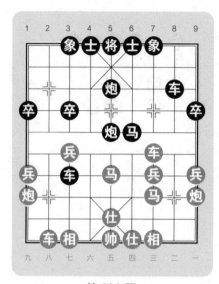

第 293 题

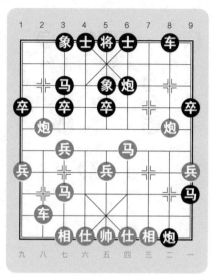

第 294 题

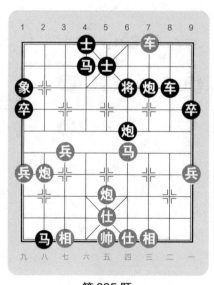

第 295 题

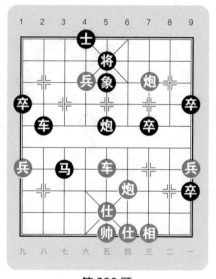

第 296 题

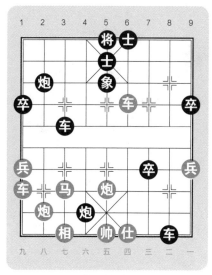

第 297 题

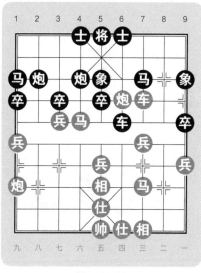

第 298 题

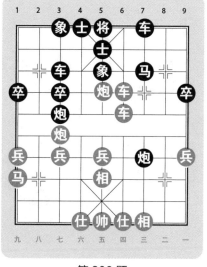

第 299 题

第 300 题

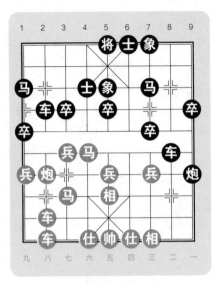

第301题

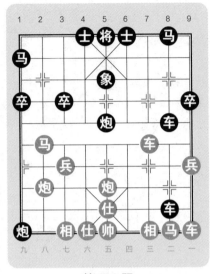

第302题

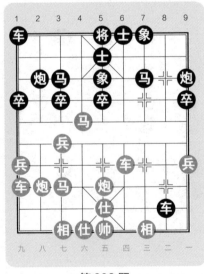

第303题

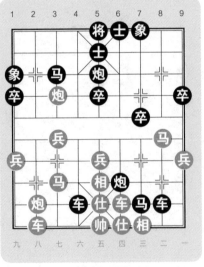

第304题

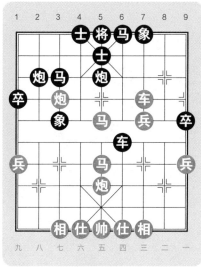

第 305 题

第 306 题

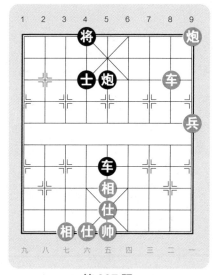

第 307 题

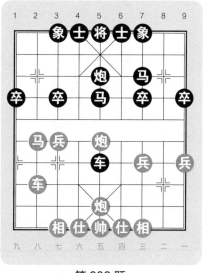

第 308 题

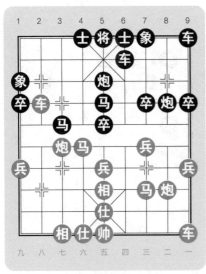

第309題

第310題

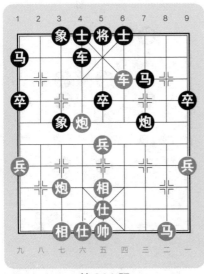

第311題

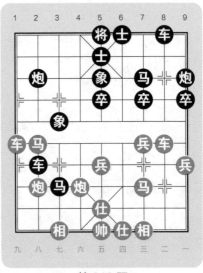

第312題

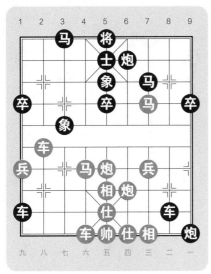

第 313 题

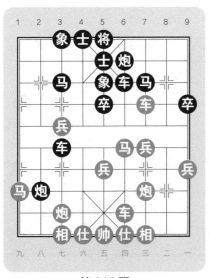

第 314 题

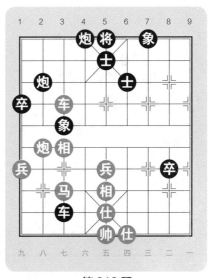

第 315 题

第 316 题

占位

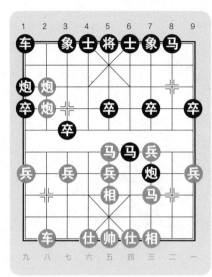

第 317 题

第 318 题

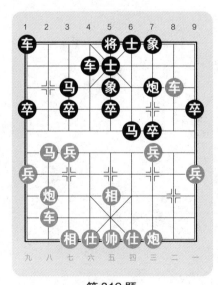

第 319 题

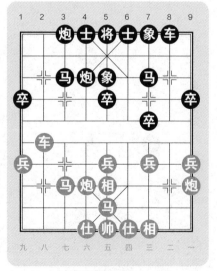

第 320 题

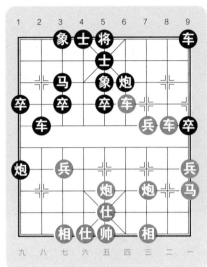

第 321 题

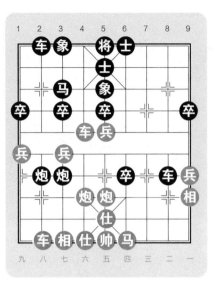

第 322 题

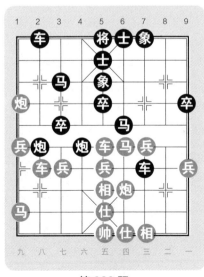

第 323 题

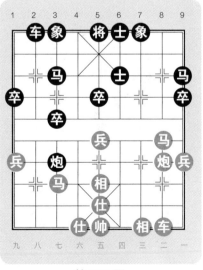

第 324 题

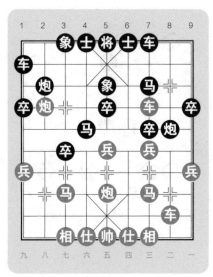

第 325 题

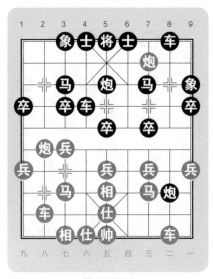

第 326 题

第 327 题

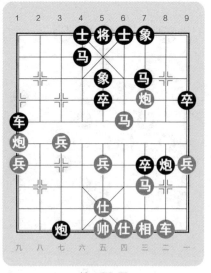

第 328 题

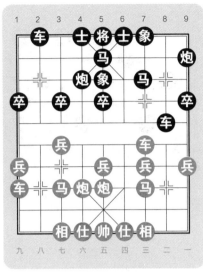

第329题

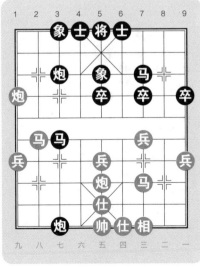

第331题

第330题

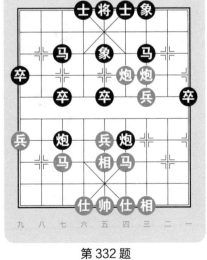

第332题

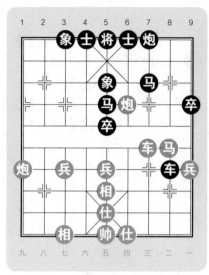

第 333 题

第 334 题

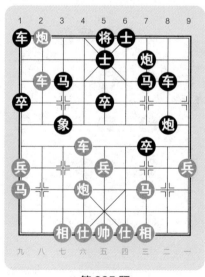

第 335 题

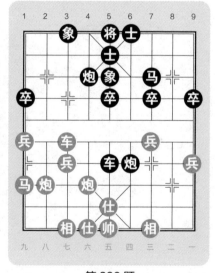

第 336 题

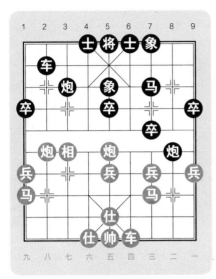

第 337 题

第 338 题

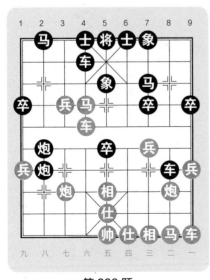

第 339 题

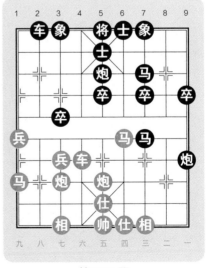

第 340 题

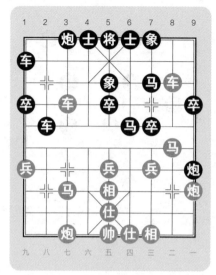

第 341 题

第 342 题

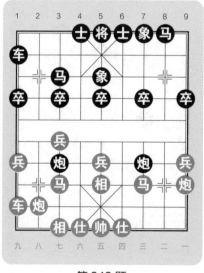

第 343 题

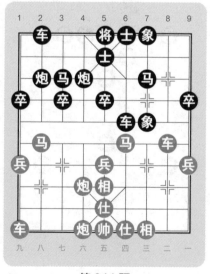

第 344 题

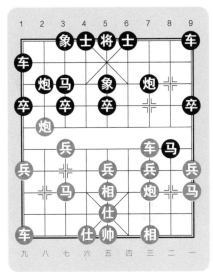

第 345 题

第 346 题

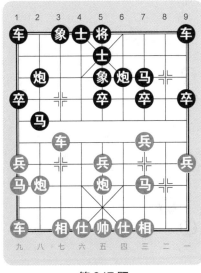

第 347 题

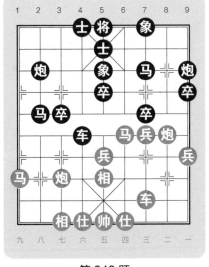

第 348 题

简化、解危

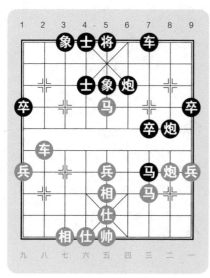

第 349 题

第 350 题

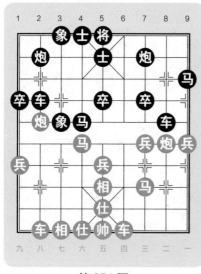

第 351 题

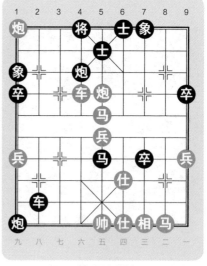

第 352 题

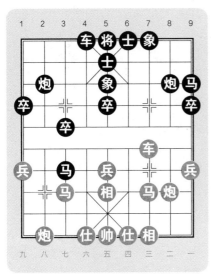

第 353 题

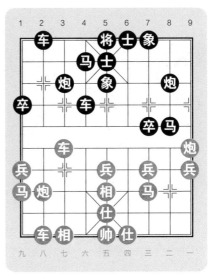

第 354 题

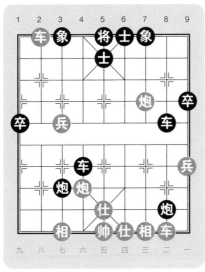

第 355 题

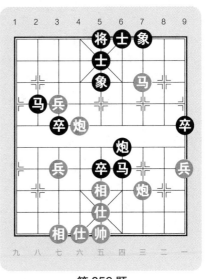

第 356 题

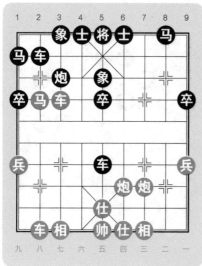

第 357 题

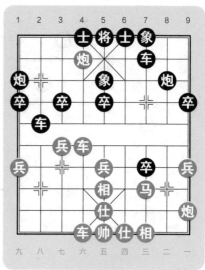

第 358 题

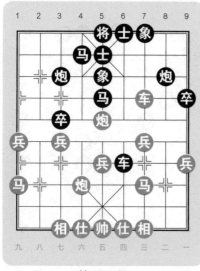

第 359 题

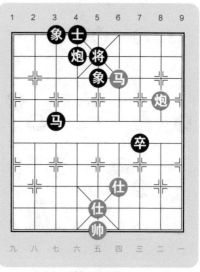

第 360 题

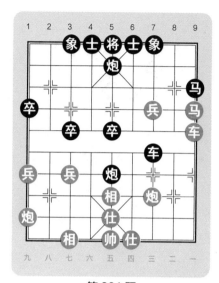

第 361 题

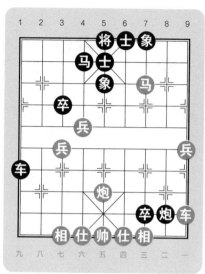

第 362 题

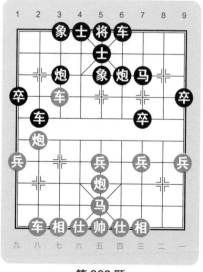

第 363 题

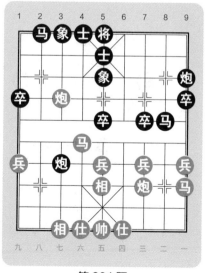

第 364 题

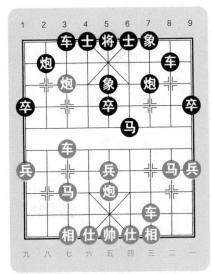

第 365 题

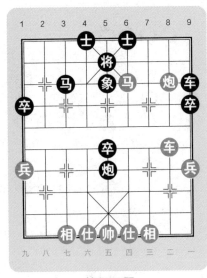

第 366 题

第 367 题

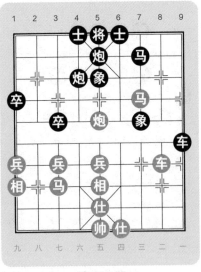

第 368 题

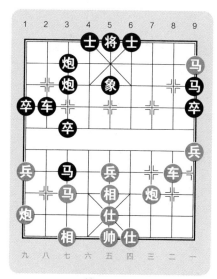

第 369 题

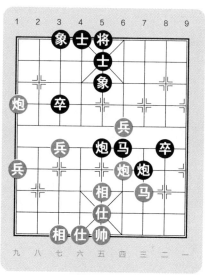

第 370 题

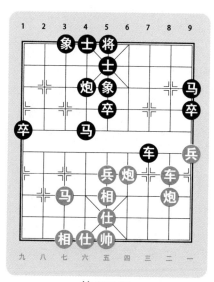

第 371 题

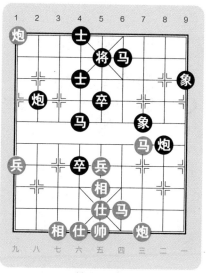

第 372 题

谋子（含谋士象）

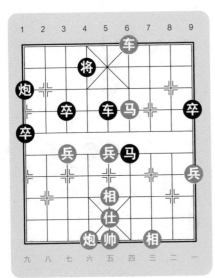

第 373 题

第 374 题

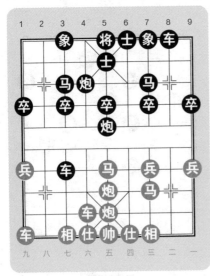

第 375 题

第 376 题

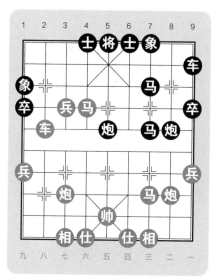

第 377 题

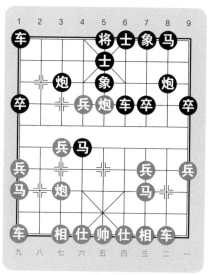

第 378 题

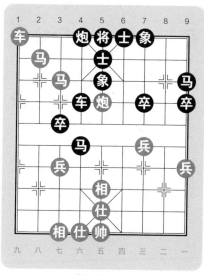

第 379 题

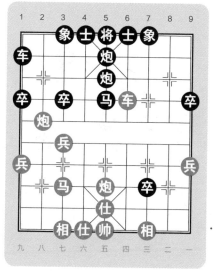

第 380 题

第4章 兑兵

争先

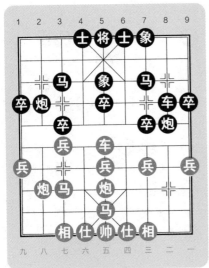

第381题

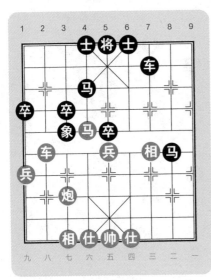

第382题

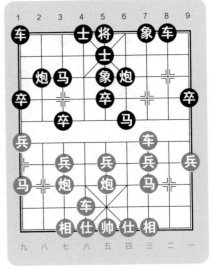

第383题

第384题

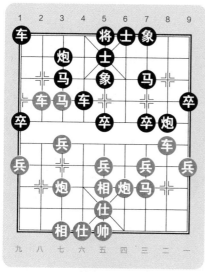

第 385 题

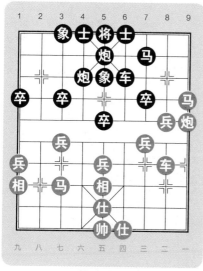

第 387 题

第 386 题

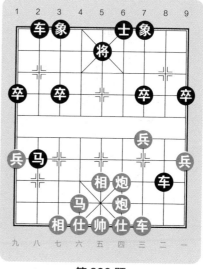

第 388 题

简化、占位

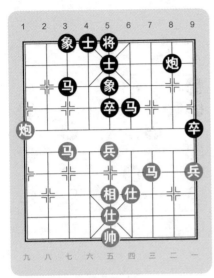

第389题

第390题

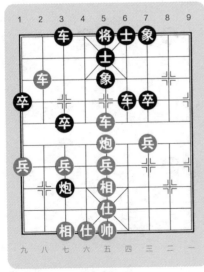

第391题

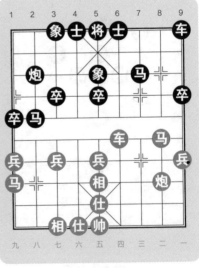

第392题

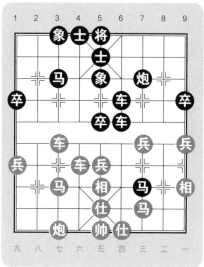

第 393 题

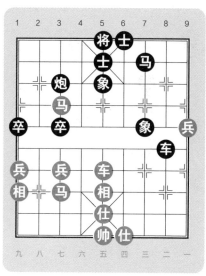

第 394 题

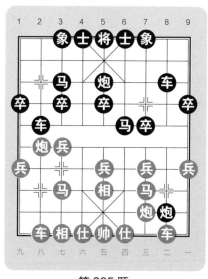

第 395 题

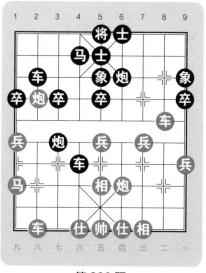

第 396 题

第5章 一车换双

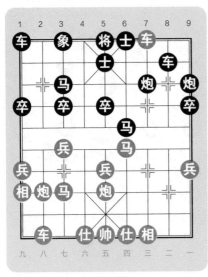

第397题

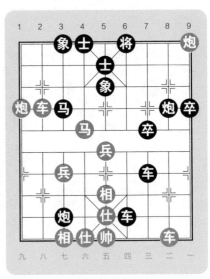

第398题

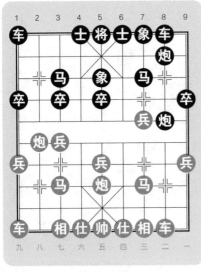

第399题

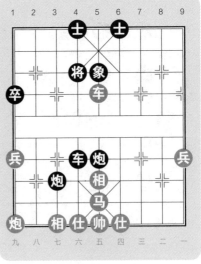

第400题

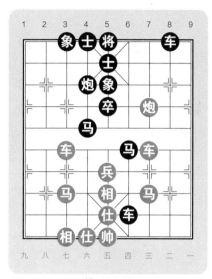

第 401 题

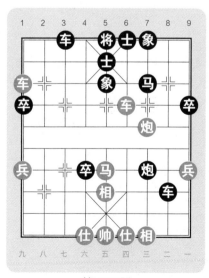

第 403 题

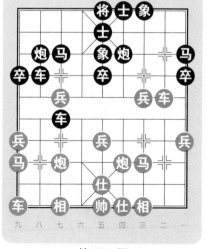

第 402 题

第 404 题

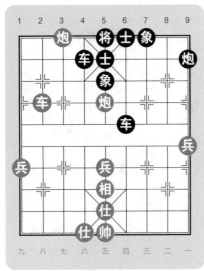

第 405 题

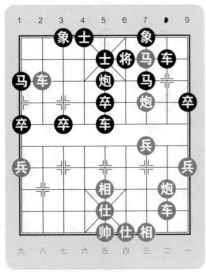

第 406 题

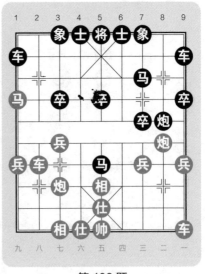

第 407 题

第 408 题

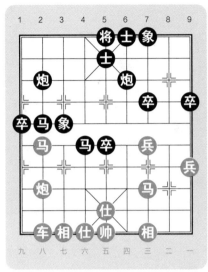

第 409 题

第 410 题

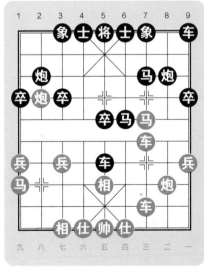

第 411 题

第 412 题

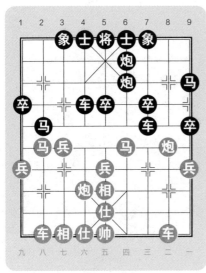

第413题

第414题

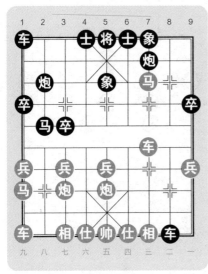

第415题

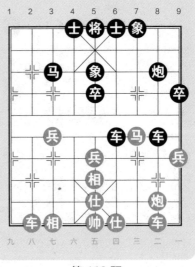

第416题

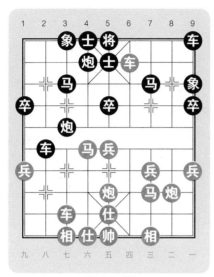

第417题

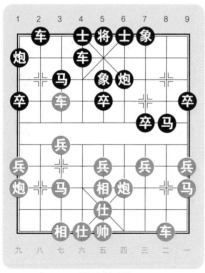

第419题

第418题

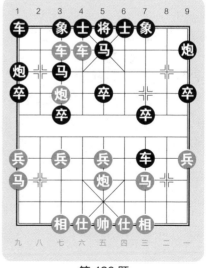

第420题

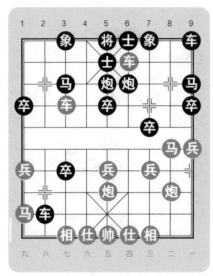

第 421 题

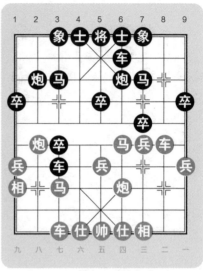

第 422 题

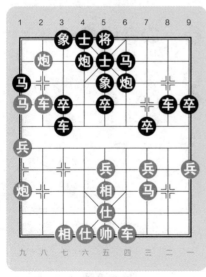

第 423 题

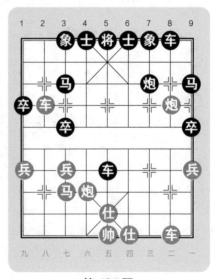

第 424 题

第6章 马炮互换

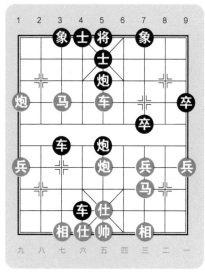

第 425 题

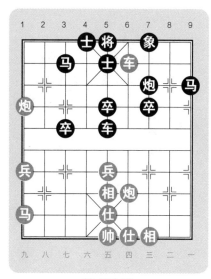

第 426 题

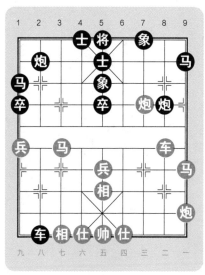

第 427 题

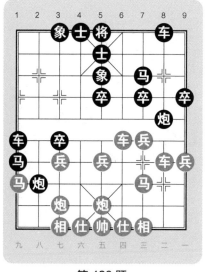

第 428 题

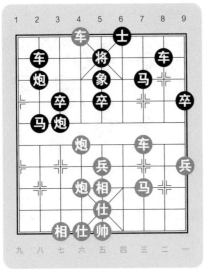

第 429 题

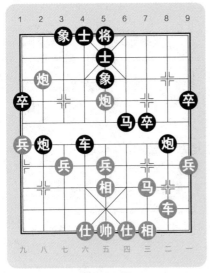

第 430 题

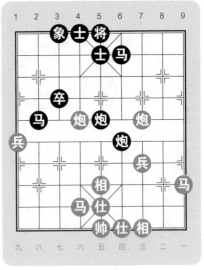

第 431 题

第 432 题

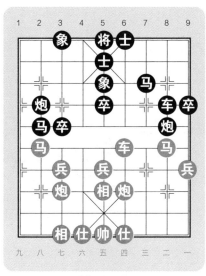

第 433 题

第 434 题

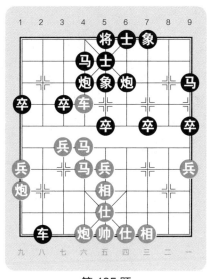

第 435 题

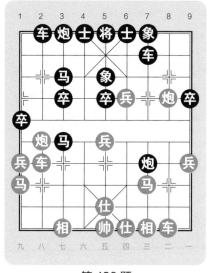

第 436 题

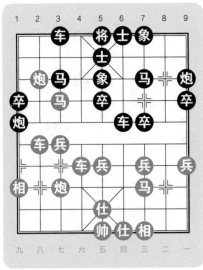

第 437 题

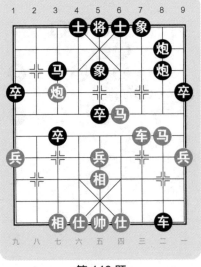

第 438 题

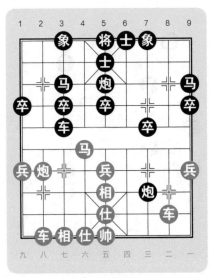

第 439 题

第 440 题

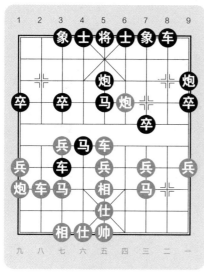

第 441 题

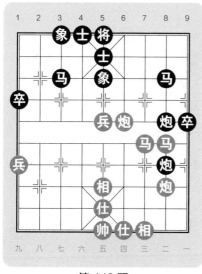

第 442 题

第 443 题

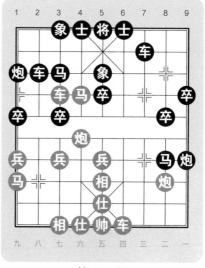

第 444 题

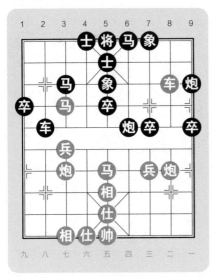

第 445 题

第 446 题

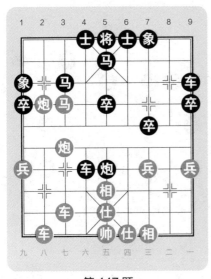

第 447 题

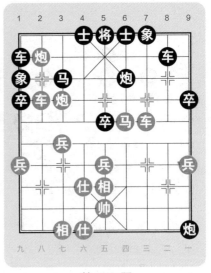

第 448 题

112

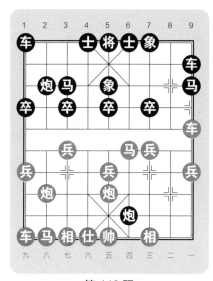

第 449 题

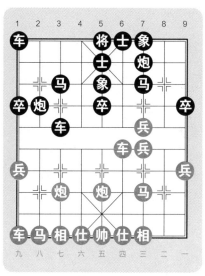

第 450 题

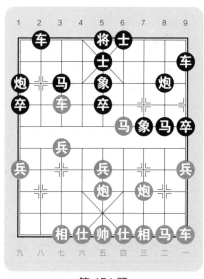

第 451 题

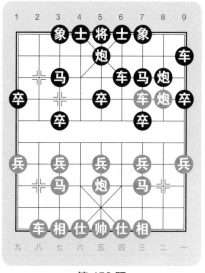

第 452 题

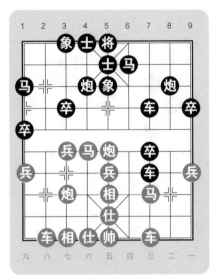

第 453 题

第 454 题

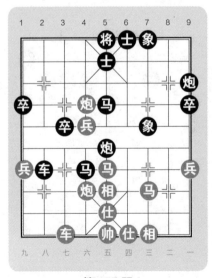

第 455 题

第 456 题

114

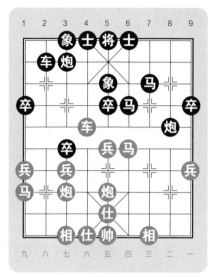

第 457 题

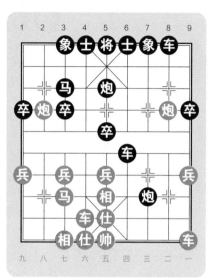

第 458 题

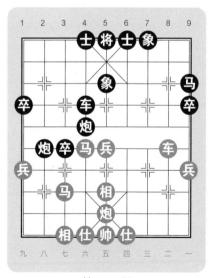

第 459 题

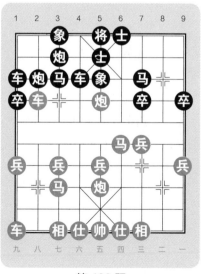

第 460 题

参考答案

第1章　兑车

争先

第1题
① 车二平六　　将4平5
② 车六退二　　车2平4
③ 马四退六（红优）

第2题
① 马七进八　　马4进6
② 炮八进六　　士5进4
③ 马八进七
黑方右翼空虚，红方优势。

第3题
① 车四进二
红方用车砍炮，迫使黑方形成交换，削弱黑方右翼防守。
① ……　　　　士5进6
② 炮二平六　　马2进4
③ 前马进八（红优）

第4题
① 车八平七
红方兑车是争先的好棋，解除车炮的拴牵状态。
① ……　　　　车8平3
② 兵七进一　　马3进5
③ 炮二平一（红优）

第5题
① 马七进五
利用黑方8路车位置上的弱点，兑车争先。
① ……　　　　车3进5
② 相五退七
交换之后，红方子力灵活的特点更加突出。
② ……　　　　车8进5
③ 兵五进一　　车8平5
④ 马五进三（红优）

第6题
① 车四平五　　将5进1
② 炮八平二　　炮7进2
③ 兵三进一（红优）

第7题
① 车五退一
兑车是争先的好棋，为后续残

局积累物质优势。

① ……　　　车 7 进 3

黑方如车 7 平 5，则兵五进一，黑方 9 路卒被捉死。

② 车五平九　车 7 平 9

③ 车九平一

形成例胜残局，红方胜定。

第 8 题

① 车一平六

红方兑车恰到好处，黑方只能接受，如车 4 平 5，则炮五平六，黑方失子。

① ……　　　车 4 退 2

② 兵七平六　炮 3 平 2

③ 马三退五

红方退马，为以后兵一进一创造机会，红优。

第 9 题

① 马八退六　车 2 进 3

② 马六退八　卒 7 进 1

③ 车三平四（红优）

第 10 题

① 炮八平二

平炮打车形成交换后，黑方右翼防守空虚，红方可以集结兵力强攻此翼。

① ……　　　车 2 进 9

② 马九退八　炮 8 平 9

③ 炮二平八（红优）

第 11 题

① 马五退四　车 6 平 3

黑方如车 6 进 2 避兑，则前炮平五，车 8 平 7，车七平六，车 7 退 3，红方可车一平二借叫杀之势抢出右车，此时黑方窝心马被控制，红方优势。

② 兵七进一　车 8 平 5

③ 前炮退一（红优）

第 12 题

① 炮五平二　车 6 平 4

② 炮二进三　象 7 进 9

③ 兵三平四（红优）

第 13 题

① 车八平六　车 4 进 1

② 仕五进六　炮 8 退 4

③ 兵五进一（红优）

第 14 题

① 车一平四

用"窝车"兑换黑方活车，争先的好棋。同样是兑车，车一平四要比车六平四效率更高。

① ……　　　车 6 进 1

② 仕五退四　炮 8 平 7

③ 马三进四（红方主动）

第 15 题

① 炮二平八

红方平炮攻击黑方右翼的同时，邀兑黑方8路车，削弱黑方的防守力量。

① ……　　　　车8进3

② 炮八进四　　士5退4

黑方只能退士应将，如象3进5，则炮七进七绝杀。

③ 马三退二　　马7进6

④ 车三平七（红方有攻势）

第16题

① 车四平七　　炮2平4

黑方如车4退5守住底线，则兵九进一，红方可步步为营，利用双车兵攻击黑方九宫。

② 车七退三　　车4平3

黑方如车4进2，则兵九进一，车4平1，相五退七，红方胜势。

③ 相五进七　　卒1进1

④ 车五平八

黑方子力都在红方的控制之下，红方胜势。

第17题

① 马七进九

红方进马主动兑车，防止黑方车1平2活通出来，使局面复杂化。

① ……　　　　炮3进4

② 炮八进六　　车8进1

③ 车九平八　　炮3进2

④ 相七进五（红方主动）

第18题

① 车七平五　　车5退2

② 兵四平五　　将5平6

③ 马四退二　　炮4进8

④ 马二进三（红胜）

第19题

① 车八退一

红方逼兑黑车，形成左右夹击之势，争先的好棋。

① ……　　　　车4退1

② 炮二进二

红方不吃黑车，反而进炮攻车，是兑车的后续手段。

② ……　　　　马5进3

黑方如车4平2，则炮二平八，红方胜定。

③ 马九退七　　车4平2

④ 炮二平八（红优）

第20题

① 车六平二　　车8进1

② 马一进三　　将6进1

③ 马三退二　　炮3进5

④ 马二进一（红优）

第21题

① 车六进五

兑车抢占要点，争先之着！为后续进马卧槽创造条件。

① ……　　　　车3平4

② 马五进六　　马3进5

③马六进七 将5平4

④炮五平六（红优）

第22题

①车八平五

红方兑车好棋，既解中路压力，又可利用黑方中路空虚的弱点争先夺势。

①……　　　　车5进1

②马三进五　车1平2

③兵七平八　卒5进1

④仕六进五（红优）

第23题

①前车进三　车1平2

②车八进八　象5退3

③车八平七　士5退4

④后马进六（红优）

第24题

①炮八平七　车2进7

黑方如为保护底象，改走车2退1，则马三进四，象3进5，车八平三，车7平5，车三进五，黑方左翼防守压力大，红方主动。

②炮七进七　士4进5

③车一平八　车7进3

④炮七平九（红优）

第25题

①炮八平七　车2进9

黑方如改走车2平1，则炮七

平三，象7进9，马七进六，卒3进1，马六进五，红方占优。

②炮七进三　士4进5

③马七退八　卒3进1

④车二进五

红方高车抢占骑河要津，伏有车二平七的先手，红优。

第26题

①兵三进一

红方进兵兑车，争先之着！撕开黑方防线。

①……　　　　车4平8

②马三进二　象5进7

③兵七进一　卒3进1

④炮七进七（红优）

第27题

①马二进四

红方上马精巧，黑方如车8退2，则车二进三，马7退8，马四进六，红方踩炮伏杀，得子胜定。

①……　　　　车8进1

②马四进二　车1平4

③车六平四

红方平车避兑，牵住黑炮，保持复杂局面。

③……　　　　车4进4

④兵九进一

至此，红方伏炮八退四，下一着再马九进八强行扑出的先手，局势占优。

第28题

① 车三进二　　士4进5

② 炮五进三　　士5退4

③ 车三平五　　马3进5

④ 兵三进一（红优）

第29题

① 马四退三　　车6进5

② 马三进五　　车6平5

③ 炮五进二　　车5退3

④ 炮五平七（红优）

第30题

① 马一进三

红方进马兑车，争先的好棋。

① ……　　　　炮8进4

② 炮三进五　　象5进7

③ 马三进二　　象7进5

④ 马二进三

黑方子力位置不佳，红方可以通过多兵的优势，确立先手。

第31题

① 马七退五

红马以退为进，解除黑方车7进2抽车的威胁，争先的好棋！

① ……　　　　车7进2

黑方如车2平5，则炮五退二，黑方失子。

② 马五退三　　炮8平5

③ 炮五进三

红方避兑正确，如兑炮则红方难胜。

③ ……　　　　士5进6

④ 炮五平九（红优）

第32题

① 兵三进一

红方弃兵逼兑黑车，争先的巧手。以下黑方有前车平7吃兵兑车和卒7进1不兑车两种选择。

着法1：前车平7

① ……　　　　前车平7

② 车三进五

红方以位置较差的底车，换掉黑方巡河车，有利于进攻。

② ……　　　　卒7进1

③ 炮八平五

通过交换红方取得炮镇中路的关键位置。这里也可以看到红方实施兑车的作用，如果首回合不走兵三进一直接走炮八平五，黑方正好有前车平5捉炮的手段，红方还要炮五平九，攻势受阻。

③ ……　　　　车8进5

④ 炮四进六　　车8退3

⑤ 炮五退二（红优）

着法2：卒7进1

① ……　　　　卒7进1

黑方避兑也会被红方利用。

②马六退七　炮3进3

③炮四进三

红方进炮捉双，先手进一步扩大。

③……　　　卒7进1

④炮四平八　卒3进1

⑤后炮退五（红优）

第33题

①后车平七

兑掉黑方防守的关键子，争先之着！

①……　　　车3进1

②马八退七　车5退1

③马七进八

利用黑方中车受到拴牵的弱点，红方组织进攻。

③……　　　士5进4

④马八进六　将5进1

⑤车六平七（红优）

第34题

①炮八平六　车2进5

②炮六进四　车2退2

③炮二退一　马4进6

黑方如改走马4进3，则车一平七，车2退6，炮六退六，车2进5，车七进四，吃掉黑方底象，红优。

④车一平四　马6进4

⑤马七进六（红优）

第35题

①炮四平五　将5平6

②马六退四

红方退马捉卒，是炮四平五兑车的后续手段。

②……　　　马3进2

③车四进二　士5进6

④车二退二　车7平8

⑤马四退二（红优）

第36题

①车二退六

红方退车，准备兑车！

①……　　　将6平5

②车二平一

平车捉双，着法紧凑！

②……　　　车6平9

③车一进一　卒9进1

④炮八进一　卒9进1

⑤炮八退一（红优）

第37题

①车一平三

红方主动兑车，把黑马从防守要道上引离开，争先之着！

①……　　　马6进7

②兵六进一　马7进9

③马七退六　马3进4

④车八平七　象3进1

⑤炮八平五（红优）

第 38 题

① 车五进一

红方进车强兑，是兑子取势的妙手。

① ……　　　车 2 平 5

黑方兑车无奈，如误走车 2 进 2，则车五平四，车 8 平 3，车四进二，黑方失子。

② 后马进五　炮 6 退 1

③ 车三进四

进车捉炮紧凑，不给对方喘息之机。

③ ……　　　车 8 平 6

④ 马七进五　将 5 平 4

⑤ 车三进一（红优）

第 39 题

① 车三进九　车 8 平 7

② 马一进三　士 5 退 4

③ 马三退四　将 5 进 1

④ 炮一退二　马 3 退 1

⑤ 马四退三（红优）

第 40 题

① 马七进六　车 4 平 1

② 相七进九　象 3 进 5

③ 车二退一　卒 7 进 1

④ 炮三进三　炮 7 平 1

⑤ 车二进三（红优）

第 41 题

① 车三平四　将 5 平 6

黑方如将 5 进 1，则马六进七，将 5 进 1，车四平五，士 4 进 5，车五退一，将 5 平 6，车一平四，绝杀。

② 相五退三　炮 9 平 7

③ 帅五进一　车 8 退 8

④ 车一平四　车 8 平 6

⑤ 车四平二（红优）

第 42 题

① 炮八平九

平炮邀兑，以下黑方有车 2 进 3 兑车和车 2 平 3 不兑车两着选择。

着法 1：车 2 进 3

① ……　　　车 2 进 3

② 车八进六

兑车后红方三子归边，黑方防守压力很大。

② ……　　　士 5 进 4

顽强，通过调整阵形来延缓红方攻势。

③ 车八进三　将 5 进 1

④ 炮六平八（红优）

着法 2：车 2 平 3

① ……　　　车 2 平 3

② 炮六平七　炮 4 平 3

③ 炮七进三

红方选择换炮，削弱黑方的防

守力量。

③……　　车3进4

④马六退七

双方再次交换，红方底线有进攻机会。

④……　　车3进2

⑤炮九进二（红优）

第43题

①炮八平九　　炮3退1

黑方如车8退2，则车八进五，炮3退2，马七进六，卒1进1，炮九进三，象3进1，马六进四，红优。

②车二退二　　车2平8

③马七进六　　车8平4

④马六进八　　炮3平4

⑤炮九平三（红优）

第44题

①炮二平九　　车8进9

②炮九进三　　炮3平2

③车三平七　　炮2进1

④炮五进四　　炮5平7

⑤炮五退二（红优）

第45题

①炮八平五

红方炮击中卒，是兑子的巧手。

①……　　车4进1

②车八进九　　马3退2

③车二平五　　炮5平9

黑方如改走炮5退3，则炮七平五，马2进3，炮五退一，红优。

④炮七退一　　车4进1

⑤炮五退一（红优）

第46题

①车九平八　　车2进9

黑方如炮8平9，则车二平六，车2进9，炮七进七，将5进1，马九退八，红优。

②炮七进七　　士4进5

③马九退八　　象7进5

④炮七平九　　士5进4

⑤炮五平八（红优）

第47题

①马八进六　　车2进4

②炮五平八　　士5进4

③炮八平七　　马3退2

④相七进五

红方飞相是既定的续着，不给黑方调整阵形的机会。

④……　　炮7进1

⑤炮六进五（红优）

第48题

①炮八平九　　车2进9

②马七退八　　炮6平7

③马三退一

红方退边马保持马位灵活，

正着!

③ ······　　马4进5

④ 马一进二　卒1进1

⑤ 兵三进一（红优）

第49题

① 车七退二

红方利用多子之利，逼兑黑车，争先的好棋!

① ······　　车5进3

黑方如车5退1，则车七平四，车5平1，车四退一，后炮平3，帅五平四，士4进5，马七进八，车1进3，兵七进一，红方先手。

② 相七进五　后炮进6

③ 帅五平四　前炮平3

④ 马三进五　炮5平6

⑤ 仕五进四　炮3退3

⑥ 兵七进一

黑方少子少兵，红优。

第50题

① 车四进五　将5平6

② 炮二进七　马9退8

③ 马二进四

红方先进车吃士削弱黑方防守，引将到肋线，再用炮打车完成交换，黑方左翼防线被打开。

③ ······　　马3进1

④ 车二进九　炮7平6

⑤ 车二平三　将6进1

⑥ 车三平六（红优）

第51题

① 车九平八

红方抓住黑方右翼防守相对薄弱的特点，兑车争先。

① ······　　炮4平7

黑方如车2进4，则炮六平八，马1进2，兵五进一，以后红方弃掉中兵打通黑方卒林线，优势更大。

② 车八进四　马1进2

③ 炮六进四　马2退3

④ 炮六进二

红方再次邀兑黑炮，继续贯彻进攻黑方右翼的战略。

④ ······　　炮7平4

⑤ 马七进六　马3进2

⑥ 兵七进一（红优）

第52题

① 车二平三

红方不吃黑炮，而是平车邀兑兼捉，争先的好棋。

① ······　　车2平5

黑方如车7进2，则马五进三，象7进5，马三进五，红方优势明显。

② 车三进二　象7进5

③ 车三平一　象5退7

④ 车九平八　马2进1

⑤ 车八进九　炮4退4

⑥车一平六（红优）

第53题

①车二进三

红方进车妙兑，构思精巧，着法简明，至此大局已定。

① ……　　　　马9进7

黑方如车7平8，则马三进四，车8退1，车八平三，车8平6，车三进五，车6平4，炮七进六，红方中兵对黑方威胁很大，可以利用中兵为进攻支点发动攻势，红优。

②车二平三　炮7进4

③兵五进一　车6平4

④炮七进六　马7进6

⑤兵五进一　马6进8

⑥马三进五（红优）

第54题

①车七平八　车2进3

②车五平八　炮3平2

黑方平炮拦车无奈，因红方有车八进三"栓链"的妙手。

③马七进八　炮4平3

④炮二进三　将4退1

⑤炮二平七

红方主动兑炮，又是一步好棋。

⑤ ……　　　　卒7进1

黑方如车4进3，则车八进三，车4平3，车八平二，红优。

⑥炮七进四（红优）

第55题

①车五平四　车3平6

②车四进四　将6进1

③仕五进四　炮1进4

④炮六退二　炮1进1

⑤帅六平五　将6退1

⑥兵五平四（红方胜定）

第56题

①车九平六　车4进1

②马八进六　炮3平4

③马六进四　炮4退1

④炮三进三　马7进6

⑤兵五进一　卒4平5

⑥炮三平五（红优）

第57题

①马七进八

进马拦车的同时给九路车生根，争先的好棋。

① ……　　　　车6平5

黑方如车6平7，则炮六平二，车2进5，车九平三，车2平4，车三平四，将6平5，炮七进六，红优。又如改走卒7进1，则仕四进五，车6平5，炮七进六，红优。

②仕四进五　车5平7

③车六平四

红方先平车将军，避免底线受攻。

③……　　　将6平5

④炮六平二　车2进5

⑤车九平三　车2平6

⑥车三进一（红优）

第58题

①车四平六

用位置好的车去兑掉黑方位置不通畅的肋车看似亏损，实则是一步争先的好棋，可以削弱黑方右翼的防守力量。

①……　　　车4进5

黑方如车4退1，则车六进六，士5进4，相七进五，士4退5，炮七进五，黑方有效步度损失太大，红优。

②车一平六　车8进6

③炮三平五　卒7进1

④马四进五　马3进5

⑤炮五进四　卒7进1

⑥车六进五（红优）

第59题

①车四平三　车6平7

黑方兑车无奈！黑方如改走车6进1，则马六进四，炮1平7，相五进三，炮7平8，车六进四，红方大优。

②车三进二　马9进7

③炮四平二

黑方如马7进8，则炮二进四，士5退6，马六进七，红优。

③……　　　马7退9

④炮二进二　炮1平4

⑤车六进二　马3进5

⑥炮四进四（红优）

第60题

①车八平七

红方兑车争先，削弱黑方强子联攻之势的同时，保持七路线上对黑方施压。

①……　　　车3进1

②马八退七　车9进3

③马七进六

红方这两步运马是兑车的后续手段。

③……　　　炮7退1

④车四退二

红方再次兑车，化解黑方攻势。

④……　　　车9平6

⑤仕五退四　炮5进4

⑥炮五进四（红优）

占位

第61题

①炮六进七　马4退5

②炮六平九　士5进4

③兵三进一（红优）

第62题

① 炮六进四　炮3退3

② 炮七进四　车7退1

③ 炮六平三（红优）

第63题

① 炮二平一　车8进3

② 车二进一　车6退1

③ 车二进四（红优）

第64题

① 车六平七　车3退1

② 马八进七　前炮平7

③ 马三退四（红优）

第65题

① 车九平八

红方兑车调整阵形，防止黑方车2进5骑河。

① ……　　车2进7

② 炮五平八　炮1进4

③ 相三进五（红方稍好）

第66题

① 炮五平三　车7平6

② 车六平四　车6退1

③ 马三进四　车1平4

④ 炮三平九　车4进5

⑤ 马四进三（红方易走）

第67题

① 马六进四　车7进1

② 车三进二　炮7进5

③ 炮七进六（红优）

第68题

① 炮八平七　士4进5

② 车八进七　士5进4

③ 炮七进二（红优）

第69题

① 车九平三　象5进7

② 炮九进六

交换以后，红方子力更加灵活。

② ……　　象7退5

③ 相三进五（红方主动）

第70题

① 车四平三　车7平8

黑方如车7进1，则炮八平三，红方子力位置灵活。

② 车二进五　马7进8

③ 炮二平五（红优）

第71题

① 车七平八　车2进3

② 炮三平八　车9进1

③ 车二进六（红优）

第72题

① 车六进五

红方兑车好棋，迫使黑车离开巡河线要道。

① ……　　车6平4

黑方如车6进1，则车六平八，车6退4，炮一进一，红方优势。

127

②马四进六　马2进4

③兵五进一　马4进2

④马六进四（红优）

第73题

①车八进四　车8平2

黑方如想保留变化而走卒5进1，则兵七进一，炮5进4，马二进三，炮9平5，马三进五，炮5进4，兵三进一，车4进1，车八平五，士4进5，车五退一，红方稍好。

②马七进八　车4退1

③马八进七　炮5进4

④马七退五（红方主动）

第74题

①车八平六　士6进5

②后车退二　车3平4

③车六退四　炮7进4

④车六进三

控制黑马，形成有车杀无车，红方多子占优。

第75题

①车四进二　车5退2

黑方如改走车5平6，则仕五进四，马7退5，仕四退五，炮2退3，炮七退二，象5进3，马三进四，红方子力占位好，略优。

②车四平八　炮2平1

③炮七退四　车5平3

④马七退六（红方稍好）

第76题

①车四进四　马8退9

②车四进一

红方连续调整车位，逼退黑马的同时，还可通过兑车活通己马，好棋！

②……　　车5平6

③马六进四　士6进5

④兵一进一（红方易走）

第77题

①车六退二　车6平4

②马八进六　炮2退1

③马七进六　炮2平7

④炮二进四（红方主动）

第78题

①车六进三　车3平2

②车六平八　车2进4

③马八进六　马7进8

④车四平六（红方主动）

第79题

①车一平二　车8进3

黑方如车8平6，则车二进五，马7退5，兵五进一，炮1平3，车七平六，红优。

②炮五平二　炮9进4

③炮二进一　炮9退2

④马三进四（红优）

第80题

① 炮八平六　　车2进8

② 炮六进三　　车2退5

③ 马六进四　　车2平4

④ 马四进三（红方主动）

第81题

① 车六退二　　车3退2

黑方如车3平4，则马五退六，马5进4，炮九进三，马4退6，马六退七，红方易走。

② 炮九平八

红方先邀兑车占据要点，再平炮拦截黑炮，好棋。

② ……　　　　炮2进2

③ 炮三退五　　马5进7

④ 相五进三（红方主动）

第82题

① 炮八平六　　车2进9

② 马七退八　　马3进4

③ 炮四平八

红方如改走兵三进一，则马4进6，马三进四，车8平6，马四进五，炮6进7，黑方接下来有炮8进2沉底的进攻手段，占优。

③ ……　　　　车8平7

④ 炮八退二（红优）

第83题

① 车九平八　　车2平7

黑方如车2进5，则马七退八，车8进3，炮五退二，红方阵形有弹性，占优。

② 相三进五　　马9进7

③ 炮五平九　　马7进5

④ 车八进一

以后可车八平六出肋车，红方主动。

第84题

① 炮二平七　　车8进5

② 马三退二　　炮3平4

③ 车八进六　　车4进3

④ 车八平七（红优）

第85题

① 马八进六

红方进马捉车，逼黑方被动兑换。

① ……　　　　车3退3

② 车五平七　　马1进3

③ 马四进二　　马3进4

④ 相九进七（红方主动）

第86题

① 车八退三

红方退车抢占防守要点。

① ……　　　　车5平2

② 马七进八　　车3平2

③ 马五进四　　马3进2

④ 马八进七（双方大体均势）

第87题

①车二进四　　车6退2

②车二平四　　士5退6

③炮八平五　　士6进5

④车八进六（红优）

第88题

①炮三进六　　炮6进4

②马二退三　　车8平7

③车九平八

紧凑！红方先抢一着先手，不给黑方透松局面的机会。

③……　　　　炮2平1

④马三进四　　车7退4

⑤炮三平四（红优）

第89题

①车四平六

同样是兑车，如误走车九平六，则车8平6，红方车马被牵，形势反而不利。

①……　　　　士5进6

黑方置阵型不隐、将位不正于不顾，而选择扬士兑车，是要先解决车位不通畅的问题。如炮2平4，则车九平八，车8平7，炮八进三，炮4进1，炮八退二，红方有闪击的手段，占据主动。

②车六进八　　将5平4

③车九平六　　车8平4

④车六进七　　将4进1

⑤炮八进二（红方主动）

第90题

①车六平四　　车6平8

黑方如车6退1，则马三进四，炮9进5，马八进六，炮4进1，兵七进一，红方主动。

②马八进六　　车8进2

③炮三退一　　车8退4

④马六进四　　车8退3

⑤兵七进一（红方主动）

第91题

①车五退二

红方兑车抢位，为二路马开通进攻线路。

①……　　　　车7进4

黑方不能兑车，否则红方多子多兵，胜势。

②帅六进一　　车7平1

③车五平六　　车1退3

④车六进四　　车1平3

黑方如车1平5，则兵八平七，卒1进1，兵七平六，士5退4，车六进一，将5进1，车六退一，将5退1，马二进四，红方大优。

⑤马二进四（红优）

第92题

①车一进一　　车8平9

②马三退一　　炮2平1

③车八进三　　马3退2

双方四车兑净，局面趋于平缓。

④ 马一进二　炮 9 进 4

⑤ 马二进四（双方大体均势）

第93题

① 车一平二　车 8 进 5

② 马三退二

红方兑车在步数上占到了便宜，黑方如车 8 平 6，则车二进六，红优。

② ……　　车 1 平 2

③ 炮八进四　炮 9 进 4

④ 马二进三　炮 9 平 7

⑤ 车八进五（红方主动）

第94题

① 马五退七

红方退马兑车，解除拴牵。

① ……　　车 5 进 3

② 马七退五　车 6 进 2

③ 马五进七　马 3 进 5

④ 车八退一　马 7 退 6

⑤ 马七进六

红方子力占位灵活，略优。

第95题

① 车三进二　车 5 退 2

黑方如改走车 5 平 4，则车三平六，马 6 进 4，马四进六，炮 8 平 4，炮六进一，炮 9 平 6，马一进三，红优。

② 马一进二　炮 9 平 8

③ 车三平八　象 9 进 7

④ 马二进三　车 5 平 6

⑤ 马三进二（红优）

第96题

① 炮八平五　车 2 进 9

② 马七退八　马 6 进 7

③ 车二进一　将 5 平 6

④ 车二退一　车 6 进 3

黑方进车冷静！如炮 5 进 4，则炮六平四，车 6 平 9，炮四退四，黑马受困，有失子的危险。

⑤ 马八进七（红方主动）

第97题

① 车四平三

红方兑车占位，削弱黑方的反击力量。

① ……　　车 7 进 2

② 马四退三　马 9 进 7

③ 炮五平六

红方平炮，不给黑方攻击肋马的机会。

③ ……　　炮 2 平 5

④ 马六退七　马 7 进 6

⑤ 炮六平九（红方主动）

第98题

① 兵五进一

红方冲兵打破局面僵持状态，是整个战术的开端。

① ……　　　　马 7 退 8

黑方如车 4 退 1，则兵五进一，象 5 进 3，车八平五，以后红方有兵五平六再马七进八的机会，红方优势。

② 车八平五

红方车平中路好棋！逼迫黑车主动交换，红马顺势从中路跃出。

② ……　　　　车 8 平 5

③ 马七进五　　　马 8 进 7

④ 兵五平六　　　车 4 退 3

⑤ 炮七平六（红优）

第 99 题

① 车六进三　　　车 7 进 1

黑方避兑正确！如车 7 平 4，则马七退六，马 3 进 4，炮七平六，炮 3 平 4，炮六进三，炮 4 进 5，马三进四，红优。

② 车八进六　　　炮 3 进 3

③ 车八平七　　　车 1 平 4

④ 车六进五　　　马 3 退 4

⑤ 炮五平六（红方易走）

第 100 题

① 前车进一

红方双车抢道，控制局面。

① ……　　　　车 2 进 5

② 马九进七　　　车 2 退 2

③ 兵七进一　　　炮 3 进 4

④ 马七进六　　　车 2 平 5

⑤ 马六退五（红优）

第 101 题

① 马七进八　　　车 4 平 1

黑方只能接受兑车，如走车 4 进 1 让出线路，则马八进七，车 3 平 4，仕四进五，后车退 1，车九平五，马 6 进 8，马七进九，红优。

② 相七进九　　　卒 7 进 1

③ 马八进九　　　车 3 平 4

④ 马九进七　　　车 4 退 2

⑤ 马七退八（红优）

第 102 题

① 车一平三

兑车抢位，争先的好棋。

① ……　　　　车 8 进 4

② 炮八进四

红方同样不能主动兑车，否则二路马位置不佳。

② ……　　　　卒 3 进 1

③ 兵七进一　　　车 7 进 3

④ 马二进三　　　车 8 平 3

⑤ 车九平八（红优）

第 103 题

① 车六进二　　　前车平 4

黑方如车 1 退 2，则兵八进一，后车平 4，车六进六，马 3 退 4，车八进六，红方主动。

② 炮九进七　　　车 4 平 3

③ 兵三进一　　　卒 7 进 1

④ 马三进五　车 3 平 5

⑤ 兵八平七（红优）

第 104 题

① 车二平四　车 6 进 7

黑方不能让出肋线，否则车四进八塞象眼，黑方很难防守。

② 帅五平四　车 4 进 5

③ 马七进五　前炮平 6

黑方先弃后取，延缓红方的进攻速度。

④ 马五进四　车 4 平 6

⑤ 帅四平五　车 6 退 2

⑥ 车七退二（红方主动）

第 105 题

① 车七进一　车 4 进 1

黑方如车 4 平 3，则马五进七，炮 4 进 1，炮九进五，红优。

② 车七平五　士 4 进 5

③ 相三进一　炮 7 平 9

④ 相五退三　车 8 平 3

⑤ 车八进一　炮 4 退 1

⑥ 车八退九（红优）

第 106 题

① 车九平六　车 4 进 5

黑方如改走车 4 平 5，则兵五进一，车 5 退 1，炮七平五，马 3 进 5，兵五进一，马 5 进 7，车六进五，迫使黑方一车换双后，红方

稳占优势。

② 帅五平六　炮 7 进 1

③ 马五退三　车 9 进 1

④ 炮七平三　马 9 进 7

⑤ 车二进六　马 7 退 6

⑥ 马三退五（红优）

第 107 题

① 车一平三　车 7 进 5

② 相五退三

红方通过兑车赢得空间优势。

② ……　车 9 进 1

③ 马八进七　马 2 进 1

④ 马七进九　炮 8 平 1

⑤ 炮七平八　炮 1 平 4

⑥ 马二进四（红方主动）

第 108 题

① 车六进四　马 8 退 6

② 车六平五　炮 6 平 4

③ 车五平三　炮 7 退 1

④ 车三进一

进车正着。红方如炮七平三，则炮 7 退 4，车三平四，炮 4 进 1，炮五退二，车 8 进 1，红方无子可抽，黑方易走。

④ ……　车 8 进 2

⑤ 炮七平三　炮 7 退 4

⑥ 车三平四（红优）

简化、解危

第 109 题

① 车一平二　车 8 进 2

② 炮九平二（双方大体均势）

第 110 题

① 车四平五　车 5 进 2

② 马四退五（红优）

第 111 题

① 车五进二　车 4 平 5

② 马四进五（红优）

第 112 题

① 车一平三　车 7 退 2

② 相五进三　车 4 进 3

黑方如车 4 进 2，则炮五平七，车 4 平 3，相三退五，和棋。

③ 相三退五（双方和势）

第 113 题

① 车七平六

红方移车邀兑，保护河口相，确保整个局势的安全。

① ……　　　车 4 进 1

② 仕五进六　车 2 平 1

③ 仕六退五（双方大体均势）

第 114 题

① 车八进一　车 4 平 2

② 马六退八　车 2 进 6

黑方如卒 7 进 1，则炮二进三，

车 2 进 6，炮二平七，红方得子。

③ 兵三进一（红优）

第 115 题

① 车六退三

红方退车生根，好棋。

① ……　　　炮 1 平 4

② 炮二平六

红方及时选择交换，简化局面。

② ……　　　车 4 进 1

③ 炮六进五　车 4 进 4

④ 帅五平六（双方和势）

第 116 题

① 车五平二

兑车简化局面，缓解右翼受攻的弱点。

① ……　　　车 8 进 3

② 炮九平二　车 2 进 4

③ 炮二退四　炮 2 退 1

④ 相七进五（双方均势）

第 117 题

① 马六退八

退马逼迫黑方兑车以简化局面，红方在黑方的右翼建立兵力上的优势。

① ……　　　车 3 进 2

② 车八平六　车 3 平 4

③ 车六进三　马 4 进 5

④ 马八进六（红方易走）

第118题

① 马二退四　卒9进1

　　黑方挺卒给车生根，伺机而动，如车8平6，则马四进二，炮7进7，仕四进五，车6平7，炮一进四，卒3进1，兵七进一，车7平3，马七进六，双方展开激烈对攻。

② 相七进五　车8进3

③ 马四退二　马9进8

④ 仕六进五（双方大体均势）

第119题

① 车四平八　车2进5

② 马七进八　马7进5

③ 车二退一　马5进4

④ 马二进三（红方易走）

第120题

① 前车进二　车3平6

② 车四进五　炮8平6

③ 后炮平二　炮6进2

④ 炮二进七（双方大体均势）

第121题

① 车三平七　车3退3

② 车八平七　象3退5

③ 车七平三　车8进3

④ 马五进七（双方大体均势）

第122题

① 车三平四　车6退3

② 马六退四　炮7进6

③ 马四退三　炮4平3

④ 马三进四（红方易走）

第123题

① 兵七进一　卒3进1

② 车三进一　卒7进1

③ 炮三进八　象9退7

④ 马六进七（红优）

第124题

① 车四进一　车8平6

② 马六进四　马4进6

③ 兵三进一　马7进9

④ 兵三平二（双方大体均势）

第125题

① 马七退六　车3进6

② 马六退七　炮6进5

③ 马二进三　炮6平7

④ 相三进五（双方大体均势）

第126题

① 车八退三　车5平2

② 马七进八　马5进6

③ 马三进五　卒3进1

④ 马五进四（红优）

第127题

① 车三进三　车8平7

② 马五进三　炮9平3

③ 马七进五　炮3进4

④ 兵九进一（双方大体均势）

第128题

① 马七退九

兑子简化，好棋，不给黑方过多纠缠的机会。

① ……　　车3进3

黑方如车3平1，则车七进七，车1进2，车七退一，炮7进1，炮四进一，双方均势。

② 马九退七　马3进4

③ 炮八平一　车6平8

④ 炮四进三（双方均势）

第129题

① 车六平四　车1平6

② 兵三平四　车6进1

③ 马七进六　车6平4

④ 马六进七　车4退3

⑤ 马七退八（双方均势）

第130题

① 炮二平三　马6进7

② 炮八平三　车8进9

③ 后炮退一　车7进3

④ 马三退二　车7进2

⑤ 车九平五（双方均势）

第131题

① 车八平三　车7进2

② 帅五进一　车7平4

③ 车三退四　车4平7

黑方如改走车4退2，则马九进七，黑方更难应付。

④ 相五退三　车8进2

⑤ 炮四退一（红优）

第132题

① 炮六平八　车2进4

黑方如车2平4，则马四进三，车4进3，仕五进六，马6进5，马三退五，车4退2，马五退三，红优。

② 马六退八　马6进5

③ 马四进五　炮6退3

④ 马五进七　将5平6

⑤ 兵七平六（红方主动）

第133题

① 前车平八　马1进2

② 车三平八　马2进4

黑方如马2退4，则炮八平六，车9退3，炮三退一，将5平6，炮三平六，马4进3，仕六进五，红方易走。

③ 车八平六　马4退3

④ 车六平七　马3进5

⑤ 炮八进三（红方易走）

第134题

① 炮八平七　车2平5

② 炮七进四　车2退5

③ 炮七进一　炮7平8

④ 炮三平二　卒1进1

黑方如炮8进4，则兵三进一，卒7进1，车五平二，车2平3，炮七平六，卒7进1，车二平三，红方易走。

⑤车五平七（红方易走）

第135题

① 马六进七　　炮2进3

② 马七进六　　车7平3

③ 车一平二

出车正着！红方不宜炮五平七，否则车3平5，车一平二，马2进3，车二进六，马3进5，马三进五，车5进2，车二平三，车5平3，炮七平八，车3退4，红方子力位置欠佳，黑方满意。

③ ……　　　　炮8平6

④ 车二进七　　车3平7

⑤ 炮五平三（红方主动）

第136题

① 车四平八　　车2进5

② 马九进八　　卒3进1

③ 马八退九

红方如误走兵七进一，则马1退2，仕四进五，炮2退4，黑方得子。

③ ……　　　　卒3平4

④ 炮六退一　　炮2退2

⑤ 马三进四（双方大体均势）

第137题

① 炮五进四　　车5退2

② 车三进五　　车8平3

③ 车五进五　　象7进5

④ 马七进五　　象5进7

⑤ 马五进七（双方均势）

第138题

① 车八进四　　炮4退1

黑方如士5退4，则炮一平五抽车，红方胜定。

② 车八平六　　士5退4

③ 炮一平五　　士6进5

④ 炮五退三　　卒5进1

⑤ 兵九进一（双方均势）

第139题

① 车一进三

红方借捉马调整车位，准备兑车简化局面。

① ……　　　　马7进6

② 车一平二　　马6进7

③ 车二退二　　马7退8

④ 马二进四　　象5进7

⑤ 兵五进一（红优）

第140题

① 车七平六

红方兑车简化局面，解除底线的牵制。

① ……　　　　车4退3

② 相七退五　　炮2平4

③ 车八进三

红方进车守住兵林线，关键的一着棋。

③ ……　　　　车4平9

④兵五进一　车9进3

⑤兵五进一（红方稍好）

第141题

①车六平四

红方兑车简化局面，化解黑方的攻势。

①……　　　车6退4

黑方如改走车7进1避兑，则车四退四，车7平6，马六进五，后炮平9，车二进六，士4进5，车二平一，双方均势。

②马六进四　车7退3

③马四退五　炮5进4

④车二进三　炮5退1

⑤车二进三（双方大体均势）

第142题

①车九平七　车2进4

黑方如直接走车3进3，则马八退七，红方借势调整子力位置，红方主动。

②车七进三　车2平3

③炮三进四　士6进5

④车六平七　车3退1

⑤马八进七（红方主动）

第143题

①车九平六　车4进8

②车四平六

红方利用兑子战术简化局面，化解左翼的危机。

②……　　　炮2平3

③车六进一　卒9进1

④兵一进一　车3平9

⑤马七进六　马2进4

⑥车六进二（双方均势）

第144题

①马六退八

退马兑车，借机调整子力位置。

①……　　　车4进4

②炮八进六　车4平2

③炮八退七　卒5进1

④兵五进一　炮5进3

⑤炮二进二　马5进7

⑥马八进七（红方易走）

第145题

①炮四退一

红方退炮迫使黑方主动交换，打破僵持的局面。

①……　　　马3进5

②马七进六　马5进3

③帅五平六　马3退2

④炮四平八

避免红炮成为孤子而被黑方利用。

④……　　　卒7进1

⑤兵三进一　车3平7

⑥车八平六（红方主动）

第146题

①炮八平九

红方平炮兑车简化局面。如炮六平九，则卒7进1，帅五平六，卒7平6，车八进三，将5进1，红方受攻。

① ……　　车2进7

② 马九退八　车6平5

③ 车六进三　车5平1

④ 车六平三　将5平4

⑤ 马八进七　车1退3

⑥ 车三退一（双方大体均势）

第147题

① 马六进五

为后续兑车简化创造条件。

① ……　　车4进1

② 车八退四　马1进3

③ 马五退七

红方退马，应对黑方攻击的同时实施兑车战术。

③ ……　　车4退7

④ 炮四平六　士5进4

⑤ 炮六平八　后炮进3

⑥ 车八进六

以下红方可以夺回一子，红方易走。

第148题

① 车三平四

红方选择兑车，意在减轻压力，透松局势。

① ……　　车6进2

② 炮九平四　卒3进1

③ 相七进五　马5进3

④ 相五进七　卒5进1

⑤ 相七退五　卒5进1

⑥ 马三进四（红方易走）

第149题

① 炮八平一　车2进5

黑方如车2进4，则炮一退一，车2进1，车二平八，马4退6，车八进二，红方主动。

② 车二平八　炮6平7

③ 炮一退一

退炮是兑车的后续手段，为后续简化局势创造机会。

③ ……　　马6进5

④ 炮一平六　马5退4

⑤ 车八平六　马4退3

⑥ 马三进五（双方大体均势）

第150题

① 前车平七

红方兑车简化局面，减轻左翼受攻的威胁。

① ……　　车3进2

② 炮二平七　士5进4

黑方准备左车右移，加强进攻。

③ 车六进六　车9平1

④ 马九进七　士4进5

⑤ 马七进九　士5进4

⑥ 马一进二（红方稍好）

第 151 题

① 车二平一

红方兑车解围，精巧。如炮一平九避捉，放活黑方 9 路马的同时，红方阵形较为散乱。

① ……　　　车 9 平 3

② 炮六平七　车 3 平 7

③ 炮七进五

红方主动交换，不给黑方子力推进的机会。

③ ……　　　马 2 进 3

④ 车一平七　车 7 进 2

⑤ 车七平三　车 7 平 6

⑥ 兵一进一（红方先手）

第 152 题

① 马七进八

红方兑车简化局势，化解黑方攻势。

① ……　　　车 7 平 2

② 马八进七　车 2 平 3

③ 炮二平五

红方不宜马七进五吃象，否则会放活黑方子力。

③ ……　　　将 5 平 6

④ 马七退八　车 3 退 2

⑤ 炮五平一　马 3 进 2

⑥ 马八退九（双方大体均势）

第 153 题

① 车三进二　车 6 退 4

黑方如车 6 平 7，则马二进三，车 4 退 4，马三进二，红优。

② 车一进三　车 4 退 2

③ 车一平四

红方利用黑方窝心马的弱点，再次兑车，为后续进攻扫清障碍。

③ ……　　　车 6 进 5

④ 马二进四　车 4 平 3

⑤ 车三平四

以下红方有车四进五吃士再马七退九解捉的手段，红方主动。

第 154 题

① 车三平二

红方兑车是化险为夷的好棋。

① ……　　　车 8 退 7

黑方兑车无奈，如车 8 平 9，则车二退六，黑势土崩瓦解。现兑车之后，黑方单车炮难以成势，基本败局已定。

② 炮七平二　车 6 平 8

③ 炮二平三　车 8 进 3

④ 相五进三

红方抓紧调整防守阵形。

④ ……　　　车 8 平 6

⑤ 车八平九（红优）

第 155 题

① 马三退四

红方及时兑车，化解受攻的危机。

① ……　　　车 7 进 3

② 相一退三　车9进2

③ 炮四平七　车9进3

④ 炮七进二

红方再次交换，是兑车的后续手段。

④ ……　　　炮3进4

⑤ 相七进五　卒9进1

⑥ 仕六进五（双方大体均势）

第156题

① 车二平四　车6进4

② 帅五平四　车5平8

③ 相五退三

红方退相调整防守阵形，正着。

③ ……　　　将6平5

④ 车六平五　炮5退2

⑤ 相七进五（双方大体均势）

谋子（含谋士象）

第157题

① 马四进三

红方进马邀兑车，黑方以下有车6退4兑车和车6平4避兑两种选择。

着法1：车6退4

① ……　　　车6退4

② 车三平四　士6进5

③ 马三进二（红优）

着法2：车6平4

① ……　　　车6平4

② 车四进一　将5平6

③ 车三平五（红胜）

第158题

① 车七退三　车4平3

② 相九进七　士6进5

③ 车八进四（红优）

第159题

① 车七退一　将5进1

② 车七平六　将5平4

③ 炮六进六（红优）

第160题

① 车二进七　车6退8

黑方只能兑车！如误走士5退6，则红方炮九平五，叫将成杀。

② 车二平四　将5平6

③ 仕五退四（红优）

第161题

① 车四退五　马5进4

② 车四进四　象3进5

③ 车四平二（红优）

第162题

① 马六退八　车4进4

② 车八平五　士4进5

③ 相五退三（红优）

第163题

① 车四平六　车4平5

② 马六退七　将4平5

③ 后车平七（红优）

141

第 164 题

① 兵三进一　车 1 平 8

黑方如车 8 进 5，则马三进二，车 1 平 8，兵三平四，马 2 退 3，兵四进一，红优。

② 马三进二　卒 7 进 1

③ 马二进四　马 7 进 6

④ 车八退三（红方得子）

第 165 题

① 马二进三

红方进马捉双，迫使黑方兑车防守，为得子创造机会。

① ……　　　　车 9 平 3

② 车七平三　车 3 退 2

③ 车四平三　车 2 平 7

④ 前车退一　车 7 进 1

⑤ 相五进三（红方得子）

第 166 题

① 炮八平六　炮 4 平 2

② 车八进四　马 4 进 2

③ 车七进三　马 2 进 1

④ 马三退四

黑马被困住，以下如车 8 进 4，则相五退七，车 8 平 6，马四退二，黑方必失一子，红优。

第 167 题

① 车四平二　炮 2 进 7

② 相七进九　车 1 进 1

③ 车二进三　马 7 退 8

④ 炮五进四　车 1 平 2

⑤ 车六平八（红优）

第 168 题

① 车八平七　车 3 进 3

黑方如车 3 平 2，则马八退九，马 8 进 7，车九平七，红优。

② 炮二平七　炮 3 退 1

③ 车九平七　炮 3 平 1

④ 马八进七　炮 5 平 3

黑方为缓解底线压力只能弃炮。如象 3 进 1，则马七进九，将 5 进 1，车七平八，红方三子归边，胜势。

⑤ 炮七进五（红优）

第 169 题

① 车四平六

红方平车捉车，逼黑方主动兑换。

① ……　　　　炮 7 退 1

② 车六进三　炮 7 平 4

③ 炮五平七

至此，红方谋得一子已是必然。

③ ……　　　　将 5 平 6

④ 炮七进三　将 6 进 1

⑤ 炮七平三（红优）

第 170 题

① 炮二平五

红方炮打中士，撕开黑方防线。

① ……　　　车5平8

② 后车进三　车8进5

③ 车二进一　士4退5

④ 兵三进一　象5进7

⑤ 车二平三

红方平车捉双，得子大优。

第171题

① 炮八平五　车5平2

② 车八平二　车2平6

③ 车二进四　车6退1

④ 炮一退二　将5退1

⑤ 炮一平四（红方得子占优）

第172题

① 车二进五　车8进4

② 马四进二　马6进5

③ 马六退五　马4进3

④ 帅五进一　士5进6

⑤ 马二进三（红优）

第2章　兑马

争先

第173题

① 车六进一　象7进5

② 马八退七　车2进1

③ 炮八平二（红优）

第174题

① 兵三进一　车3平6

② 兵三进一　车6平7

③ 兵三进一（红优）

第175题

① 马八进六　炮8平4

② 炮二平八　炮3平8

黑方如炮3平2，则炮八平七，红方优势更大。

③ 炮八进五

以后红方主要有车八进六的先手，红方主动。

第176题

① 兵八平七　车9平4

② 车七进一　将4进1

③ 前兵进一　将4进1

④ 车七平八（红方胜定）

第177题

① 马七进五　车4平5

黑方如改走车4进1，则帅五平四，车4平5，马五进六，红方多子优势。

② 车四平六　将4平5

黑方如改走士5进4，则车六进二，将4平5，炮八平五，红方下一着再进兵得车胜定。

③ 炮八平五　车5平2

④ 帅五平六（红优）

第178题

① 车七进一　卒7进1

② 车七进二　士5退4

③ 车四进四　车4退1

④ 炮五平八（红优）

第179题

① 马七进六

红方跃马河口强兑，是争先的好手。

① ……　　　马6进4

黑方如炮7平6，则车四进一，车8平6，马六进四，车2平6，车九平八，黑马仍受攻击。

② 车四平六　马4进6

③ 炮五进四　士6进5

④ 相七进五（红优）

第180题

① 马二进三　马9进7

黑方如马9进8，则兵三进一，马8进7，相五进三，后马进8，马三进二，红方有攻势，占优。

② 车七平三　象3退5

③ 炮八平五　将5平6

④ 炮五退二（红优）

第181题

① 车三进一

兑马取得简明优势，如炮五进二，则马3进5，红方攻势受阻。

① ……　　　卒5进1

② 马三进五　马3进2

③ 车一平二　炮3进1

④ 车三退一（红优）

第182题

① 马六进四　马7进6

② 车九平四　车1平2

③ 炮五进四　车2进7

④ 车六退一

以下黑方如走车2平6，则车四退三，车7平5，仕四进五，车5退3，车六退四，车5平6，车四平五，红优。

第183题

① 马九进七

红方用自己的左路偏弱的边马，兑掉黑方高马，让黑方再无反击的机会，是扩大优势的简明手段。

① ……　　　马4进3

② 车七退五　象5进3

③ 车七平六　炮2平5

④ 车六进三

黑方虽然多子，但是红方破掉黑方双士一象，红方仍略占优势。

第184题

① 马七进六

红方兑马争先，削弱黑方的反击力量。

① ……　　　马6进4

② 车六退四　炮2平1

③ 车七平六　车2退4

④ 炮五退一

红方退炮以后，可以利用兵五进一进行支援，红优。

第185题

① 马五进四　马7进6

② 马六进七　马6退7

③ 车四平六　车7平5

④ 车六进一

以下黑方如卒7进1，则兵七进一，卒3进1，马七退八，至此，红方子力灵活，黑方受制，红优。

第186题

① 马三进四　车6进1

② 车八退三　士6进5

③ 炮四平三　车6进1

④ 车八平九（红优）

第187题

① 马八进七　马5退3

② 马五退七　炮2退1

③ 马七进九　将4平5

④ 兵七进一（红优）

第188题

① 马六进五

红方及时进马交换，防止黑方炮2平7打车盘活子力。

① ……　　　马3进5

② 炮五进五　炮2平5

③ 炮五进二　士4进5

④ 炮七进四

以后红方保留炮七平五的机会，红优。

第189题

① 马五进三　马6退7

② 炮五进五　将5平4

③ 车八进九　马3退2

④ 炮五平三（红优）

第190题

① 马六进五　马3进5

② 车七平五　炮8退1

③ 车五平八

红方平车邀兑，好棋。

③ ……　　　车2平4

黑方如车2进3，则车三平八，炮7进5，炮八平五，红优。

④ 车八退一（红优）

第191题

① 马三进五　象3进5

② 兵三进一　炮7平3

黑方7路马无处可去。如马3进4，则兵三进一，炮7进1，马七退五，炮7退1，炮二进二，红优。

③ 兵三进一　炮8进5

④ 兵三平四（红优）

第192题

① 马二进四　马7进6

② 炮五进四　士 4 进 5

③ 车四进二　马 2 进 1

④ 车七进三（红优）

第 193 题

① 车八平六　马 3 进 1

② 车六进二　马 1 进 3

③ 车六退三　马 3 退 2

④ 兵七平八

保持阵形灵活！如兵七平六，则炮 6 进 1，车六平八，象 5 退 3，兵五进一，车 7 平 2，红方子力受困，优势不大。

④ ……　　　炮 6 进 1

⑤ 炮六平八（红优）

第 194 题

① 马五退七

红方也可走车二平三，则车 4 退 1，炮六进六，象 7 进 5，车三平一，象 5 进 7，车一平九，车 4 退 4，炮三平二，通过大交换谋子占优。

① ……　　　马 1 进 3

② 马六进七　炮 4 进 6

③ 炮三平六　车 2 进 3

④ 马七进五　象 7 进 5

⑤ 车二平一（红优）

第 195 题

① 马四进五　炮 9 进 4

② 仕四进五　卒 3 平 2

③ 马五进三

继续贯彻打通卒林线的计划。

③ ……　　　炮 4 平 7

④ 车六平三　炮 9 平 7

⑤ 车三平五

红方打通卒林线，取得优势。

第 196 题

① 马三退二

退马化解黑方攻势，为后续反击创造条件。

① ……　　　车 2 退 3

② 兵五进一　马 9 进 8

③ 车二进七

红方不急于吃马，而是先通过打将进一步破坏黑方防守阵形，好棋。

③ ……　　　将 5 进 1

④ 炮九平五　将 5 平 4

⑤ 车二退八

以后红方进一线边兵，即可获得优势。

第 197 题

① 马五进六　士 5 进 4

② 车四进一　炮 5 退 3

黑方如车 3 平 1，则车四平一，车 3 退 6，车一进二，将 5 进 1，车一退一，将 5 退 1，马二进四，炮 5 退 1，马四进三，红优。

③ 车四平一　车 3 平 8

④ 马二进三　车 8 进 1

⑤马三进四（红优）

① 马四进五　马 3 进 5

② 炮五进四　士 4 进 5

③ 炮七平三

红方平炮，是控制黑方马 8 进 7 的先手。

③ ……　　　车 2 平 5

④ 炮五进二　士 6 进 5

⑤ 车八进三（红优）

第 199 题

① 马七进九

红方主动兑马，为接下来马八退六再马六进七卧槽创造机会。

① ……　　　象 3 进 1

② 马八退六　车 8 平 7

黑方如车 6 进 2，则前车进三，士 5 退 6，马六进七，将 5 进 1，前车退一，车 6 退 5，马七退六，红方下一步再平车平四，黑方丢车。

③ 前车进三　象 5 退 7

④ 车一进五　车 7 平 9

⑤ 车一平三

以下士 5 退 6，马六进七，将 5 进 1，车三退一，车 6 退 3，马七退六，下一着再车三平四，红方得车。

第 200 题

① 马九进七

红方为了防止黑方炮 8 进 3 的栓牵，主动进马攻车，是兑马争先的好棋。

① ……　　　车 3 进 2

② 车八进一　车 3 平 5

③ 兵三进一

这是提前计算好的兑马的后续手段。

③ ……　　　车 5 退 1

④ 马四进二　炮 8 进 5

⑤ 炮七平二（红优）

第 201 题

① 车二平一　车 7 平 1

黑方如车 5 平 4，则车一进二，炮 4 进 7，仕四进五，炮 4 退 1，车一平二，炮 4 平 1，马二进一，红优。

② 车一进二　车 1 进 1

③ 车一平四　将 5 平 6

④ 车八平六　将 6 进 1

⑤ 车六平五（红优）

第 202 题

① 炮四平五　炮 7 退 4

② 仕四进五

避免黑方炮 7 进 5 带将打相。

② ……　　　前车平 6

③ 炮五进四　炮 7 进 5

④ 车六进二　车 6 退 1

⑤ 炮五退一（红优）

第 203 题

① 炮八进六　卒 3 进 1

② 炮八平四　炮 3 进 5

③ 车一平二　炮 3 平 6

④ 炮四退六　车 4 平 8

⑤ 车八进六（红优）

第 204 题

① 马七进八

红方进马巧兑，突破黑方防御。

① ……　车 7 平 5

② 车二进一　马 3 进 4

黑方进马给黑车生根必要！如误走马 3 进 2，则车二进四，士 5 退 6，车二退六，士 6 进 5，车二平五，黑方丢车。

③ 车二平六　卒 3 进 1

④ 马八进七　炮 7 进 1

⑤ 相五进七（红优）

第 205 题

① 马二进四　车 6 进 4

黑方如车 6 平 7，则马四进三，车 7 进 2，车二平五，红优。

② 车九平四　马 7 进 6

③ 车二进三　士 5 退 6

④ 车二平四　将 5 进 1

⑤ 车四退四（红方大优）

第 206 题

① 车一平二

红方平车提马迫使黑方主动交

换，争先的好棋。

① ……　马 8 退 7

黑方如马 6 进 7，则车二退五，车 3 进 4，相三进五，马 7 进 5，仕六进五，车 4 平 6，炮三进一，红优。

② 炮三进二　卒 7 进 1

③ 炮三进六　象 5 退 7

④ 马三进四　卒 7 平 6

⑤ 车八进二（红优）

第 207 题

① 前马退四　马 8 退 6

黑方如马 1 进 3，则马四退五，车 2 平 5，相三进五，卒 7 平 6，马五退六，红优。

② 车二平四　士 5 进 6

③ 车六进四　将 6 退 1

④ 车四进一　将 6 平 5

⑤ 帅五平四（红优）

第 208 题

① 马三退五　马 3 退 5

② 马六进五　马 2 退 3

③ 马五退七　将 4 进 1

④ 马七退五　将 4 平 5

⑤ 马五退七（红方胜势）

第 209 题

① 马七进五

红方通过兑马，将黑车引离 4 路肋道，这是关键的一步棋，红车得到了占据六路的先手。

① ……　　　　车 4 平 5

② 车四平六　将 4 平 5

③ 炮八平五　车 5 平 3

黑车平到 3 路，准备红方帅五平六时，可以退车防守底线。

④ 帅五平六　车 3 进 4

⑤ 帅六进一　车 3 退 9

⑥ 兵五进一（红优）

第 210 题

① 马八进九

兑马争先，削弱黑方中路的攻击力量。

① ……　　　　前炮平 9

黑方如马 3 进 1，则炮一平五，象 7 进 5，炮五进二，士 6 进 5，炮九进四，黑方丢子。

② 马九进七　炮 5 进 2

③ 兵三进一　车 6 平 3

④ 马七退九　车 3 平 2

⑤ 兵九进一　象 3 进 5

⑥ 车二退一（红方主动）

第 211 题

① 马四进五

红方如果直接走车二进七兑车，则炮 2 平 8，马四进三，炮 8 平 7，双方对峙。

① ……　　　　车 8 进 7

黑方如马 3 进 5，则马七进八，与主变殊途同归。

② 车九平二　马 3 进 5

③ 马七进八　车 1 进 2

④ 车二进五　车 1 平 2

⑤ 车二平五　车 2 进 3

⑥ 马八退九（红方主动）

第 212 题

① 马六进五　马 7 进 5

② 仕六进五

红方补仕捉炮，能在局部抢一个先手。

② ……　　　　炮 8 退 5

③ 车八平二　炮 8 进 6

④ 车二进七　炮 8 平 9

⑤ 炮七进四　马 5 进 3

⑥ 兵七进一（红优）

第 213 题

① 马六进七　马 1 进 3

② 车三平七

交换以后黑方右翼防守空虚。

② ……　　　　卒 7 进 1

黑方如车 8 平 2，则炮八进四，炮 1 进 1，仕六进五，炮 6 进 4，马三进四，黑方子力分散，红方以后可以抢到马四进六的棋，红优。

③ 相五进三　车 8 进 5

④ 兵七进一　车 8 平 7

⑤ 相三进五　炮 6 进 4

⑥ 兵七平六（红方主动）

第 214 题

① 兵五进一　马 4 进 5

② 马七进五　卒 3 进 1

黑方如卒 5 进 1，则马五进四，车 8 进 2，仕五退四，炮 7 退 1，车八进三，红方必得一子。

③ 兵五进一　车 8 进 2

④ 车四退三　车 8 平 6

⑤ 帅五平四　卒 3 进 1

⑥ 车八进三（红优）

第 215 题

① 马三进五　马 6 进 5

② 车七平五　车 1 平 4

③ 车五平四　炮 6 平 8

黑方如炮 6 平 9，则车四进三，炮 9 进 3，兵七平六，车 4 退 1，车四退二，车 4 进 2，车四平一，红方得子。

④ 车四进四　炮 8 进 3

⑤ 车四退三　炮 8 退 3

⑥ 前炮平一（红优）

第 216 题

① 马四进五　后马进 5

② 炮九进三　象 5 退 3

③ 马七进五　炮 9 平 6

④ 马五进四　炮 7 平 6

⑤ 马四进二　后炮平 8

⑥ 兵一进一（红方主动）

占位

第 217 题

① 车七进一　炮 9 平 7

② 炮八平五　车 2 平 4

③ 车七进一（红方易走）

第 218 题

① 后马进五　马 3 进 5

② 炮七平五　炮 3 退 2

③ 炮五退一（红优）

第 219 题

① 马三退五　马 6 进 5

② 马六退五　马 3 进 4

③ 炮二平八（红优）

第 220 题

① 马三进四　车 6 进 1

② 车六进五　马 5 进 3

③ 车六进三（红优）

第 221 题

① 马三退四

兑马简明，算准车兵已足够取胜。

① ……　　车 4 退 4

② 车八退二　马 5 进 6

黑方如走马 5 进 4，则车八平四，将 6 平 5，车四平五，将 5 平 6，马四进三，将 6 进 1，兵四进一，红优。

③ 兵四进一（红优）

第 222 题
① 马四进三　炮 2 平 7
② 炮二进三　士 6 进 5
③ 车一平六　车 3 平 2
④ 炮二平五（红方主动）

第 223 题
① 马七进六　马 6 进 4
② 炮八平六　车 1 平 8
③ 车九平八　炮 2 平 5
④ 车八进六（红方主动）

第 224 题
① 马四进五　马 4 退 5
② 后炮平五
红方通过兑马把后炮调整到中路。
② ……　　　车 3 退 1
③ 兵九进一　炮 2 平 4
④ 兵五进一（红优）

第 225 题
① 马三进四　马 4 进 6
黑方如炮 5 进 4，则马四进六，马 3 退 4，车七进五，红优。
② 车七进三　车 2 进 3
③ 炮六退二　炮 2 进 1
④ 车七进二（红优）

第 226 题
① 马七退八　马 1 进 2
② 炮八退六　车 2 进 7

③ 炮四平八　车 6 退 2
④ 车五退一（红优）

第 227 题
① 车五平七　车 7 进 3
② 车七平四
红方平车为实施牵制做准备。
② ……　　　车 7 退 1
③ 炮五进一　卒 9 进 1
④ 帅五平四
黑车被逼回底线，红方边兵急进，取得胜势。

第 228 题
① 马七进六　象 1 退 3
② 马六进五　炮 5 退 2
③ 兵七进一　士 6 进 5
④ 兵七平六（红优）

第 229 题
① 马三退五
红方兑马好棋，切断了黑方河口马进攻的路线，并借机巧过中兵。
① ……　　　卒 5 进 1
② 兵五进一　象 7 退 5
③ 兵五平六　炮 4 退 2
④ 车一进四（红方主动）

第 230 题
① 炮二退二
迫使黑马主动交换，为双车抢占卒林线创造条件。

①······ 　　马2进3

②马九进七　炮3进4

③炮二平三　车3进3

④车六退三（红优）

第231题

①车三进二　炮8平4

②车三平五　炮4退2

③兵七进一　炮3退2

④车五平一（红优）

第232题

①马四进六　马3进4

②马七进六　车1平4

③车八进二　车4退1

④车八平五（红优）

第233题

①马四进五　马7进5

②车五进二　马1退3

③前炮进一　前车进1

④马六退四（红优）

第234题

①马四进五　马3进5

②炮五进四　士6进5

③车四进二　炮7平5

④车四平二　车8平6

⑤车三平二（红优）

第235题

①车三进一　车8平7

②车八平七　车7进2

③车七平六　车7平8

④车六平七　马3退4

⑤车七进三（红优）

第236题

①马八进七　炮4进5

②后车平七　马4退3

③车七退一　炮4平3

④车七平六　士5进4

⑤车六平八（红优）

第237题

①马六进五　马4进5

②炮五进四　卒9进1

③炮五退二　车2退1

黑方退车必然，如车2平3贪吃一兵，则车九平八，黑方顿时陷入被动局面。

④车二进六　炮8平6

⑤相七进五（红优）

第238题

①马六进五　马3进5

②炮五进四　卒7平6

③马三退一

红方退马守底相正确，如马三退五，则卒6平5，相七进五，炮6进6，相五进三，马8进7，炮七平五，车1平4，黑方主动。

③······ 　　卒6平5

④兵三进一　炮6平7

152

⑤炮七平二（红优）

第239题

①马一进三　炮7进4

②车二进三　卒3进1

黑方如改走卒7进1，则炮三进二，炮7进1，马七进六，车9平7，炮八进一，红优。

③兵七进一　象5进3

④炮八退一　卒7进1

⑤马七进六（红优）

第240题

①马六退五　炮8平6

黑方如改走马3退2，则马四进三，下一步再炮五平一打卒，红优。

②马五退七　炮6进1

黑方进炮不给红方走马七进六。如炮7平9，则马七进六，炮9进4，马六进七，红优。

③马七进五　炮7平9

④马五退三　炮6平7

⑤马三进二（红优）

第241题

①马七进六

红方兑马迫使黑方8路线车炮脱根。

①……　　　车1平4

②帅五进一　马6进4

黑方如马6进7，则马六进七，

车4进8，帅五平六，炮2平4，炮五平九，红方平炮侧击，形势占优。

③车六进三　车8进1

④车六进五　将5平4

⑤炮五平六（红优）

第242题

①兵七进一

红方进兵兑马争先，打破僵持局面。

①……　　　卒3进1

②马七进六　卒3平4

③兵三进一　象7进5

④兵三进一　炮7平9

⑤马一进三（红方占优）

第243题

①炮八进五

红方进炮求兑，取得优势的关键。

①……　　　炮8平3

黑方如马1退2，则炮八平三，马2进3，车一平四，象3退5，车四进八，红方主动。

②炮八平三　车1平5

③炮二进六　炮3退1

④炮三进二　将5进1

⑤车一平二

黑方左翼子力空虚，红方主动。

第 244 题

① 前炮进一

红方进炮逼兑打破僵局。

① ……　　　　炮 2 进 3

黑方如炮 3 进 2，则后炮平八，红方占优。又如马 2 退 1，则马八进七，红优。

② 车四平八　　马 2 退 1

③ 车八进五　　马 1 退 2

④ 车九平八　　马 2 进 1

⑤ 前炮进二　　马 7 退 5

⑥ 车八进七（红优）

第 245 题

① 马一退三　　马 6 进 4

② 仕五进六　　马 7 进 6

③ 帅五平四　　前炮退 4

④ 仕六进五　　马 6 进 8

⑤ 帅四平五

红方如马七退五，则前炮进 6，马五退三，局面简化后，双方均势。

⑤ ……　　　　卒 5 进 1

⑥ 炮三平五（红方略优）

第 246 题

① 兵五进一　　马 4 进 5

② 马三进五　　炮 8 平 5

黑方如卒 5 进 1，则车九平八，炮 2 平 4，车八进六，车 9 进 1，车八平四，车 1 平 4，兵三进一，

红方子力活跃，占优。

③ 炮五进三　　卒 5 进 1

④ 炮七平五　　车 9 平 8

⑤ 车九平八　　炮 2 平 4

⑥ 车六进四（红方主动）

第 247 题

① 马三退一　　马 8 进 9

黑方如炮 4 进 7，则马一进二，炮 7 平 3，炮八平七，红优。

② 炮八平一　　象 1 退 3

③ 兵七平六　　炮 7 平 4

④ 炮一平四　　车 2 进 6

⑤ 仕五退六　　车 2 退 2

⑥ 炮四进二（红方大优）

第 248 题

① 车六平七　　炮 9 平 6

黑方如车 8 进 2，则马四进五，车 8 平 5，炮六平七，炮 9 退 2，炮二平三，红优。

② 车七进一　　士 5 退 4

③ 兵七进一　　炮 6 进 3

④ 炮六平四　　车 8 进 7

⑤ 车七进二　　车 8 退 1

⑥ 车七退三（红优）

简化、解危

第 249 题

① 马三进二

红方兑马简化局面，正着！红方如马三进四，则炮3平4，相七进五，车2进3，仕六进五，车2平5，车八进三，车7平6，双方对峙。

① ……　　　马6进8

② 车七平二　车2进3

③ 炮五退二（红方主动）

第250题

① 马四进六

红方进马踩士，谋求和棋的妙手。

① ……　　　马5退4

黑方如改走马5进6，则马八退七，将4进1，马七退九，形成马仕相全例和马双卒的残局。

② 马八退七　将4平5

③ 马七退九（双方和势）

第251题

① 马六进五　车5进1

② 炮九平五　车5退2

③ 车七进四（双方均势）

第252题

① 马四进三　象5进7

② 车四平三　炮1退4

③ 车三平一　车9进1

④ 马三进一（双方和势）

第253题

① 炮一退一

红方退炮打车通过兑子战术简化局面。

① ……　　　车2进3

② 马六进四　士4进5

③ 马三进四　马8进6

④ 车四进二（红优）

第254题

① 马八进九　马3进1

② 炮九进三　车9平7

③ 炮三平二　炮6平7

④ 炮二进二（双方大体均势）

第255题

① 马七进五　炮9平5

② 炮七进五　马2进3

③ 车七进四　车2进3

④ 兵五平六（双方大体均势）

第256题

① 马四进二　马7进8

② 炮二退八

红方借兑马之机调整炮位，加强防守。

② ……　　　马4进5

③ 兵九进一　卒5进1

④ 车二平八　车2退2

⑤ 马九进八（双方大体均势）

第257题

① 马三进二　卒1进1

黑方如马7进8，则车八平二，

炮 3 进 4，车二平五，红方可以强
吃黑方中卒。

② 马二进三　　车 6 平 7

③ 车八平五　　炮 7 平 8

④ 车五平二　　卒 3 进 1

⑤ 相七进九（双方大体均势）

第 258 题

① 马六进七　　象 1 进 3

② 马七进六　　车 6 平 4

③ 炮四平二　　车 4 进 1

④ 后炮进三　　车 4 平 5

⑤ 前炮平三

黑过河卒再度被消灭，红方优
势很大。

第 259 题

① 马二进一

红方兑马简化局势，巩固多兵
成果。

① ……　　　　车 8 平 9

黑方如车 8 进 7，则马一进三，
将 5 进 1，马三退四抽车，红优。

② 兵三平四　　卒 3 进 1

③ 相五进七　　车 9 进 1

④ 相七退五　　马 3 退 5

⑤ 车七进三（红优）

第 260 题

① 炮四进四　　车 2 平 6

② 马三进一　　车 6 退 1

③ 车二退一　　车 6 退 2

④ 马一进三　　车 6 平 7

⑤ 兵七进一

红方如车二平五，则车 7 进 3，
以后车 7 平 3 跟兵，红方优势不大，
现在兵七进一直攻黑方腹地，红方
优势。

第 261 题

① 马四进五

红方进马简化局势，化解黑方
攻势。

① ……　　　　马 7 进 5

② 炮五进三　　象 3 进 5

③ 炮五进二　　士 6 进 5

④ 车二退四　　马 5 进 7

⑤ 马八退六

退马是红方防守的要点，伏有
车二平七再车七平三兑车的手段。
至此，双方均势。此时如果不退
马，直接车二平七，则炮 3 平 5，
红方无法进一步简化局面。又如直
接车二平三，则马 7 进 5，相七进
五，车 7 进 1，红方失车。

第 262 题

① 马四进五　　马 7 进 5

② 炮八平五　　车 6 退 1

③ 马六退七

红方以退为进，进一步简化中
路局势。

③……　　　　车6退3

④炮五退三　卒5进1

⑤车八平五　炮4平5

⑥车五平三（红优）

第263题

①马五退六　马3进5

黑方如改走马3退4，则马六进七，将5平4，马七进六，士5进4，车八退三，车8平3，相七进九，车3平4，车八平九，红方优势。

②马六进七　马5进6

③帅五平六　将5平4

④马七进九　车8平3

⑤马九进八　车3退5

⑥炮五进三（红优）

第264题

①马二进四　马7进6

②炮九平四　卒1平2

③兵一平二　炮2退2

④兵二平三　象5进7

⑤炮四退二　卒2平3

⑥炮四平一（双方大体均势）

解危

第265题

①马三退五

以下黑方有马6进5兑马和车6进2不兑马两种选择。

着法1：马6进5

①……　　　　马6进5

②仕六进五　象7进5

③车二进二　马5退7

黑方如马5进7，则车二平三，黑马被捉死。

④车六进三（红优）

着法2：车6进2

①……　　　　车6进2

②马五进四　车6平5

黑方如车6进1，则车二进三，黑方中炮被捉死。

③马四进三　车5平7

④仕六进五　车7退1

⑤车六平三

黑方子力受制，红优。

第266题

①马七进六

红方进马将军，解危的好棋。

①……　　　　车4退6

②相七进五　卒3平2

③炮二平一　车4进4

④车四平三

红方保持多子之利，占优。

第267题

①车五退二

面对黑方多子的局面，红方巧用兑马战术解攻，再利用双兵位置的优势由守转攻。

① ……　　　　车 6 退 2

② 车五平六　　将 4 平 5

③ 车六平九

先手吃卒，伏有车九进一叫将抽车的连续手段。

③ ……　　　　车 6 平 3

④ 车九平五　　将 5 平 4

⑤ 兵九进一（红优）

第 268 题

① 马七进五

红方主动兑马，解危的好棋。

① ……　　　　车 6 进 4

② 马五退三　　马 8 进 6

黑方如马 8 进 7，则仕六进五，卒 9 进 1，相三退五，红方以后兵五进一冲中兵，黑方车马无法摆脱牵制，红方主动。

③ 车二进八　　士 5 退 6

④ 仕六进五　　马 6 退 4

⑤ 马三进二（红方主动）

谋子（含谋士象）

第 269 题

① 马四进六　　炮 5 进 5

② 炮五平三　　士 6 进 5

③ 车八平七（红优）

第 270 题

① 车七退四　　马 5 退 4

② 马四退六　　将 4 平 5

③ 车七平六（红优）

第 271 题

① 马四进六　　士 5 进 4

② 马九进七　　将 5 进 1

③ 前兵平六　　炮 2 平 9

④ 兵六进一

红方得士，大优。

第 272 题

① 马六进八

红方算准双车炮可以组成强大攻势。

① ……　　　　车 4 平 2

② 炮二进七　　象 9 退 7

③ 车四进四

红方先进左车，伏有车七进五的手段。

③ ……　　　　马 5 进 3

④ 车七进一　　车 2 平 8

⑤ 炮二平一（红优）

第 273 题

① 马四进五　　马 7 进 5

② 车六进二　　马 3 进 4

③ 车六进一　　士 4 进 5

④ 炮五进四　　车 8 平 5

黑方如改走士 5 进 4，则炮七平五，车 8 进 4，马七进六，红方攻势猛烈。

⑤车六平八（红优）

第274题

① 车二进三

红方进车捉马，迫使黑方主动交换，为得子创造机会。

① ……　　　马6退5

② 马三进四　车4平3

黑车被迫让出肋线。

③ 马七退五　卒5进1

④ 炮六进五　士4进5

⑤ 炮六平三（红优）

第275题

① 马四进五　马3进5

黑方如改走车6退5，则马五进四，将5平6，马四退三，炮9平8，马三退五，红方大优。

② 炮五进四　士5进6

③ 车四平三　将5平6

④ 炮五平四　车6退3

黑方如将6平5，则车三进一，将5进1，车七进二，红胜。

⑤ 车七平四（红优）

第276题

① 马七进五　象3进5

② 炮七进六　炮8平3

③ 车八平七　炮7平1

④ 车七平五　士4进5

⑤ 马三进四（红优）

第3章　兑炮

争先

第277题

① 兵七进一

红方冲兵邀兑，争先的要着。

① ……　　　炮4平1

② 兵七进一　炮1平7

③ 兵七平八（红优）

第278题

① 兵七进一　炮1平7

② 车四平三　车8平7

③ 马七进九（红优）

第279题

① 炮八退一　车6进6

② 炮八平五　卒5进1

③ 仕六进五

红方虽缺一仕，但多子的优势更为明显。

第280题

① 炮三进三　象5退7

② 炮八平三　卒3进1

③ 马七进六

以后红方马六进五吃中卒，红优。

第281题

① 炮四进五

这是打破黑方担子炮防守的

159

好棋。

①……　　　　炮2平6

②车二进七　炮6进2

③车八进九　车4退3

④车八退一（红优）

第282题

①前炮平七　马2进3

②车八进六　马3退4

③车八平七　马4进6

④马三进四

以下黑方如续走车8平6，则炮六平九，车6进2，马四进六，车6平8，兵三进一，红方占优。

第283题

①炮九平七

红方兑炮使7路马失去保护，为炮打中卒创造机会。

①……　　　　炮3进3

②相九进七　马7退9

③炮五进四　士4进5

④相七退五（红优）

第284题

①炮四进一

红方兑炮打破黑方的担子炮，争先之着。

①……　　　　炮3平6

②车二进八　炮6进1

③车七进一　车7进1

④炮八进八（红优）

第285题

①炮五平七　炮3进6

②车七进四　将5进1

③炮七退八　炮8平6

④马八进七（红优）

第286题

①炮七进三

兑炮扫清进攻障碍，以下黑方有炮9平3兑炮和马4退3不兑炮两种选择。

着法1：炮9平3

①……　　　　炮9平3

②车七进一　马4退5

③车七进四　士5退4

④兵三进一（红优）

着法2：马4退3

①……　　　　马4退3

②炮八退二　炮9平5

③相七进五　士5进4

④兵三进一　马7退5

⑤炮八退五（红优）

第287题

①炮九进二

以下黑方有车2退1兑炮和马3退2不兑炮两种选择。

着法1：车2退1

①……　　　　车2退1

② 车三进四　车2平1

③ 车三进一　车1平2

④ 车三退四（红优）

着法2：马3退2

① ……　　　马3退2

② 车三平五　炮7平5

黑方如车2进2保中卒，则车五平六，士6进5，车六平三，炮7平9，车三进五，士5退6，车三退一，炮9进5，兵五进一，红优。

③ 车五进二　车2平1

④ 炮九退三　马2进3

⑤ 炮九平八（红优）

第288题

① 炮四退二　炮4平6

② 马二进四　炮7平6

③ 马四退二　炮6退1

④ 车四平七（红优）

第289题

① 前炮退一　车1平4

② 相三进一　炮2平5

③ 马三进五　车4进5

④ 马九进七（红优）

第290题

① 炮七平八　炮2平1

② 炮九进三　炮9平4

③ 马七进六　车2进6

④ 马六进四（红优）

第291题

① 炮九平四

红方平炮打士，迫使黑方兑炮解围。

① ……　　　炮5平6

② 炮四退二　马6进7

③ 相七进五　炮6退1

④ 炮四平一（红优）

第292题

① 前炮进一

红方进炮兑炮老练。如走车八平五吃象，则马1进3，车五退一，炮6平5，车五退二，将5平6，炮七进四，车6进3，红方要丢子。

① ……　　　卒1进1

② 兵九进一　车6平1

③ 前炮平四　士5进6

④ 车八进一

以后有车八平二的手段，红方占优。

第293题

① 炮九平五　炮5进3

② 相三进五　马6进5

③ 马三进五　车3平5

④ 炮一进四（红优）

第294题

① 车八平二

红方兑炮解除右翼危机。如炮

八退三，则马9退7，炮二平六，炮6进7，黑方主动。

① ……　　　　炮8退5

② 马四进二　　马9进7

③ 车二平三　　车8进4

④ 炮八退四（红方主动）

第295题

① 炮五平四

红方平炮邀兑，削弱黑方的防守力量，为后续进攻创造机会。

① ……　　　　炮6进3

黑方如马4进5，则马四进六，炮6平5，相三进五，车8进5，炮八平五，红优。

② 炮八平四　　将6平5

③ 马四进六　　将5平6

④ 马六进四　　将6平5

⑤ 马四进二（红优）

第296题

① 炮四平五

红方兑炮好棋，解放中车，为后续进攻创造机会。

① ……　　　　马3进5

黑方如改走炮5进3，则相三进五，马3退4，车五进二，将5平6，兵六平五，红优。

② 相三进五　　卒7进1

③ 炮三退一　　卒7进1

④ 炮三平五　　象5退3

⑤ 炮五平六（红优）

第297题

① 车九平八　　车8退2

黑方如炮2进6，则车四平六，车3退4，车六退五，红优。

② 车四平五　　炮2进6

③ 炮五进五　　将5平4

④ 车八进七　　将4进1

⑤ 炮五平三（红优）

第298题

① 炮五平八　　马2退3

黑方如炮2进4，则马七进八，马2退3，车二进七，象1退3，车二退四，红优。

② 车九进六　　炮2进4

③ 车九平五　　车5平2

④ 兵七平八　　车2平3

黑方如车2进1，则炮八平七，车2退4，马七进八，红方得子。

⑤ 马七进八（红优）

第299题

① 炮九平六　　炮4进5

② 仕五进六　　象9退7

③ 兵三进一　　车6平5

④ 兵五进一　　车5进1

⑤ 兵七进一（红优）

第300题

① 车四平七

红方兑炮抢先，获胜的关键。

① ……　　　马 7 进 5

② 车七平六

红方平车控制黑马的活动。

② ……　　　马 5 进 3

③ 车四平六

红方如炮七平五，则车 3 平 4！车六进二，马 3 进 5，黑方吃回一车易成和局。

③ ……　　　车 7 进 4

黑方如改走象 3 进 1 保马，则炮七平五，车 3 退 2，兵七进一，红方捉死马胜定。

④ 炮七平五　车 7 平 4

⑤ 车六退一（红优）

第 301 题

① 兵三进一

红方挺兵拦车兑炮是兑子争先的好棋，因黑方有右马落单的弱点，这也是红方早已确定好的目标。

① ……　　　车 2 进 3

黑方如炮 9 进 3，则炮八平六，车 2 进 5，车八进一，士 6 进 5，车八进六，象 5 退 3，兵三进一，红优。

② 车八进二　炮 9 平 2

③ 车八进三　卒 7 进 1

④ 车八进四　象 5 退 3

⑤ 马六进七（红优）

第 302 题

① 车三平五　炮 5 进 3

② 车五退二

红方不能相三进五吃炮，否则黑方有前车进 1 带将吃马的先手。

② ……　　　后车平 7

黑方如前车进 1，则车一平二，车 8 进 5，车五进五，士 6 进 5，马八进六，红方大优。又如后车退 2，则马八进七，马 1 进 2，马七进五，红方大优。

③ 车五进五　士 4 进 5

④ 车五平八　士 5 退 4

⑤ 相三进五（红优）

第 303 题

① 马七进八　炮 2 进 5

② 车九平八　车 1 平 2

③ 兵七进一

红方弃兵好棋，以后为八路马生根。

③ ……　　　马 3 退 4

④ 兵七进一　车 8 进 1

⑤ 马六进八（红优）

第 304 题

① 炮八进六

红方伸炮兑炮，势在必行。如仕五进四，则车 4 平 6，仕四进五，车 8 退 3，炮八平四，炮 5 平 6，帅五平四，炮 6 平 9，黑方攻势强烈。

① ……　　　马 3 退 2

② 马二退一　　炮 6 平 8

③ 炮七平一

红炮打边卒是解围的妙手，否则黑方有卒 7 进 1，相五进三，炮 8 平 7 的严厉手段。

③ ……　　　炮 8 平 3

④ 车四平三　　车 8 平 7

⑤ 马一退三（红优）

第 305 题

① 后马进六　　炮 5 进 5

② 相三进五　　马 6 进 5

③ 车三进三　　车 6 退 5

④ 车三平四　　将 5 平 6

⑤ 马六进七（红优）

第 306 题

① 炮七平六

红方进炮塞象眼，迫使黑方只能交换。

① ……　　　车 2 平 4

② 车八进一　　车 4 进 2

③ 车八进二　　马 3 退 4

④ 兵四进一　　车 8 进 2

⑤ 马七进八（红优）

第 307 题

① 炮一退二　　炮 5 退 1

黑方如炮 5 平 9，则车二平六，将 4 平 5，车六平一，红优。

② 车二平六　　将 4 平 5

③ 车六平三　　炮 5 平 2

④ 车三平八　　炮 2 平 7

⑤ 兵一平二（红优）

第 308 题

① 炮五进三　　象 7 进 5

② 马八进七　　车 5 平 4

③ 兵七进一　　士 6 进 5

④ 马七退五　　车 4 退 1

⑤ 兵七进一（红优）

第 309 题

① 马三进二　　炮 8 进 4

黑方如卒 5 进 1，则炮二进四，马 5 进 4，马二进三，车 6 进 5，马三进五，象 7 进 5，兵五进一，红优。

② 马六进五　　马 3 退 4

黑方如车 6 进 2，则马五退七，车 6 平 2，马七进六抽车，红方胜定。

③ 车八平六　　车 6 进 2

黑方如士 6 进 5，则车一平二捉死炮。

④ 车六进一　　车 6 平 5

⑤ 车六平九（红优）

第 310 题

① 相五进三

红方飞相是兑炮争先的好棋，

削弱黑方左翼的防守力量。

① ……　　　车 1 进 3

② 马六进四　　士 5 退 6

③ 马四进二　　炮 4 退 1

④ 马二进三　　将 5 进 1

⑤ 马三退五（红优）

第 311 题

① 兵五进一

红方冲兵兑炮获得兵种上的优势。

① ……　　　炮 7 平 4

② 兵五平六　　马 7 进 8

③ 兵六平七

顺势破去黑方一象，扩大优势。

③ ……　　　士 4 进 5

④ 车四退二　　马 8 进 7

⑤ 车四退二

红方利用顿挫战术逼退黑马。

⑤ ……　　　马 7 退 8

⑥ 马二进三（红优）

第 312 题

① 马八进六　　炮 2 平 1

黑方不能炮 2 进 5，否则车九进五，士 5 退 4，车九平六，将 5 进 1，车六退一，将 5 退 1，马六进四，红方胜定。

② 炮八平九　　车 2 退 1

③ 车九进二　　炮 1 平 3

④ 马六进四　　士 5 进 6

⑤ 车二进五　　马 7 退 8

⑥ 车九平五

红方吃掉中卒，优势明显扩大。

第 313 题

① 车八平四

红方平车守肋，要着！否则黑方接下来车 8 平 6 即成胜势。

① ……　　　炮 6 进 6

黑方如炮 6 平 7，则炮四平三，炮 7 进 2，炮三进四，车 1 平 2，车四平八，车 2 退 3，马六进八，红优。

② 车四退二　　车 1 平 2

③ 兵三进一　　车 2 退 6

④ 车四平一　　车 8 退 2

⑤ 炮五进一　　炮 9 平 8

⑥ 马六进四（红优）

第 314 题

① 炮五退四　　车 4 平 5

② 炮八平六　　车 2 进 5

黑方如将 5 平 4，则兵七平六，士 6 进 5，车七进八，将 4 进 1，兵六进一，炮 7 退 3，兵六平七，红方大优。

③ 炮六平四　　车 2 平 3

④ 车七平六　　车 3 平 4

⑤ 车六进二　　车 5 平 4

⑥ 炮四退九（红优）

第315题

① 相七进五

以下黑方有炮2平7吃炮和车3平6吃马两种选择。

着法1：炮2平7

① ……　　　炮2平7

② 马四退三　炮6进7

③ 相五进七　象5进3

④ 相七退五

红方退相为马九进七留出进攻线路。

④ ……　　　象3退5

⑤ 马九进七　马3进1

⑥ 车三平五（红优）

着法2：车3平6

① ……　　　车3平6

黑方如车3退1，则炮三平八，炮6进4，炮八退二，红方伏有炮八平七，车3平1，前炮进八，象5退3，炮七进九杀棋的手段，红优。

② 车四进三　炮6进4

③ 炮三平八　马3进1

④ 炮八平七　象3进1

⑤ 兵七平八（红优）

第316题

① 车七平八　炮2平4

黑方如炮2进3，则马七进八，车3退2，马八进九，车3平5，车八进三，将5平6，马九退七，

红方主动。

② 马七进六　后炮进5

③ 炮八平六　车3退2

④ 车八平三　象7进5

⑤ 车三平五　车3平1

⑥ 兵九进一（红优）

占位

第317题

① 后炮平三

红方炮打7卒，获得实惠的同时盘活子力。

① ……　　　马6退7

黑方如马6进7，则炮三退三，象3进5，马五进六，车1平3，炮八进二，红优。

② 兵三进一　马7进5

③ 马五退三（红优）

第318题

① 炮七退三　炮7平3

② 马六退七　炮2退5

③ 车八进四（红方主动）

第319题

① 兵三进一　炮7进7

② 相五退三　马6进7

③ 车二退三（红方主动）

第320题

① 马七进六　炮4进5

② 炮一平六　车8进5

③ 马五进三（红方主动）

第 321 题

① 炮三进一　炮1退2

黑方如炮1平7，则马一进三，炮6退2，车四平二，红优。

② 炮三平五　炮1平7

③ 马一进三（红方主动）

第 322 题

① 炮六进一

红方兑炮打破黑方封锁，子力获得更好的占位。

① ……　　炮2平4

② 车八进九　马3退2

③ 车六退二　炮3进1

④ 炮五进四（红方稍好）

第 323 题

① 炮九进三　车2平1

黑方如改走车2进4，则炮四进三，卒3进1，炮四平三，炮4进1，车五平七，炮4平2，炮三退二，后炮平6，车七进三，红方大优。

② 车八进一　车7平6

③ 马九退七　炮4退5

④ 车八进二（红优）

第 324 题

① 马二退四　炮3平8

② 车二进三　车2进6

③ 马四退三　车2平8

④ 马三进二（双方大体均势）

第 325 题

① 车二进四　马4退2

② 兵五进一　卒5进1

③ 马七进五　马2退4

④ 马五进七（红优）

第 326 题

① 车二平六　炮4进5

黑方如炮4平1，则炮三平二，车8平9，车六进二，炮8退3，车六平五，炮8平5，车五平二，红优。

② 炮三平六　士4进5

③ 车六进二　车8进3

④ 车一平二（双方均势）

第 327 题

① 炮八进三　车4平8

黑方如炮5平2，则车八进六，马3进5，兵三进一，士6进5，兵三进一，象9进7，炮三退三，红优。

② 炮八平五　象3进5

③ 车八进六　马7退5

④ 马七进六（红方主动）

第 328 题

① 马四退三　车1平7

② 炮三进三　象5退7

167

③ 车二进三　马4进6

④ 兵五进一（红方主动）

第329题

① 马七进六　炮4进2

黑方如炮4进5，则车九平六，车8平4，兵五进一，车2进4，仕四进五，红方主动。

② 炮六进三　车8平4

③ 炮五平六　车4平1

④ 车九平七（红方主动）

第330题

① 炮二平四

红方兑炮意在开通右翼子力。

① ……　　炮6进5

② 仕五进四　马3退5

黑方回窝心马是以退为进的好棋。

③ 车一平二　马5进7

④ 炮九进四（红方主动）

第331题

① 炮五平七　马3进2

黑方如马3退2，则相三进五，前炮平2，马三进四，红优。

② 马三进四　前炮平2

③ 马八进六　炮3平4

④ 相三进五（红优）

第332题

① 兵三平四　炮6退3

② 兵四进一　马7进9

③ 炮三平二　卒9进1

④ 马四进三（红方易走）

第333题

① 炮四平三　炮7平8

黑方如炮7进3，则马二进三，红方多兵且有兵种优势。

② 炮三平四　炮8平7

③ 车三进三　车8退1

④ 炮九进六（红优）

第334题

① 马七进八　炮2进5

黑方如炮8平6，则车九平六，车9进1，车三进二，红方主动。

② 炮二平八　车9进1

③ 车九平六　马4进2

④ 车六进二（红方易走）

第335题

① 炮八退一　炮7平2

黑方如误走车1平2，则炮八平三，炮8平7，车八进二，马3退2，炮三退三，红方大优。

② 车六平三　马7进6

③ 车八进一　象3退5

④ 马三进四（红优）

第336题

① 炮八进七　炮4退2

② 炮六进六　炮4平2

168

③车七进五　士5退4

④车七平八（红优）

第337题

①车四进四　炮8进2

黑方如炮8平5，则炮八平五，车2进5，车四退二，车2平1，炮五平二，红优。

②仕五进六　卒1进1

③兵三进一　卒7进1

④车四平三（双方大体均势）

第338题

①马七退六　炮2平5

黑方如马7进5，则车六平五，士4进5，车五退一，红方得子。

②马六进五　马7进8

③马五退三　士4退5

④车六退一　马5退6

⑤马三退五（红优）

第339题

①炮七平八　后炮进2

②炮二平八　马2进1

③兵七进一　车8平3

④兵七进六　车4平6

如车4进1，则马六进四，黑方丢车。

⑤马二进三（红方主动）

第340题

①炮五进五　象3进5

②炮七平三　炮9退1

黑方双马、炮的位置关系被红方利用，此时只能退炮打马。

③车六平三　前马退9

黑方如炮9平6，则车三进一，炮6进1，车三进二，马7退8，车三平五，红方主动。

④车三平五　马7退9

⑤车五进三（双方大体均势）

第341题

①马七退六　炮3进9

黑方如炮3平2，则兵五进一，炮2进2，马二进四，马7进6，车二退四，炮9平7，车七平五，红方主动。

②车七退六　炮9平5

③马二进一　车1平7

④车七进三　炮5退1

⑤马六进七（双方均势）

第342题

①兵三进一　炮8退3

黑方如炮8平6，则兵三平四，马9进8，车五进一，马8退6，车五平七，红方主动。

②马八进六　马9进7

③炮四退四　车6平7

④仕六进五　炮8进3

⑤炮六进二（红方主动）

第343题

① 炮八平七　炮3进2

② 车九平七　车1平8

③ 炮一退一　车8进6

④ 炮一平六

红方平炮暗设埋伏，黑方如续走车8平7，则炮六进一打死黑车。

④ ……　　　卒7进1

⑤ 马七进六（红方易走）

第344题

① 马四进六　炮4进5

② 仕五进六　车6退2

③ 马六进七　车6平3

④ 马八进六　车3平6

⑤ 车九平八（红优）

第345题

① 车三进三　马3退5

② 车三进一　马8进7

③ 炮八进一　卒3进1

④ 马七进六

红方弃兵抢攻，正确。如兵七进一，则车1平3，炮八平七，象5进3，马七进六，马7退5，红方子力分散，不易形成攻势。

④ ……　　　卒3进1

⑤ 马六进四（红优）

第346题

① 炮三平四

红方平炮叫将，逼迫黑方主动兑炮，为以后红方抢占卒林线创造机会。

① ……　　　炮7平6

② 车六进二　车6进3

③ 车六平三　炮6进5

④ 仕五进四　士5进6

⑤ 马七退六（红优）

第347题

① 炮八进二

红方升巡河炮，寻求变化。如改走炮八进五，则炮6平2，黑方可以满意。

① ……　　　车9平8

黑方如炮2进3，则车七平八，马2退3，车九进一，车9平8，马三进四，红优。

② 马三进四　炮2进3

③ 车七平八　马2退3

④ 车九进一　车8进4

⑤ 马四进三（红优）

第348题

① 马四进五　车4退2

② 马五进三　车4平8

③ 炮二平一　炮9进3

④ 马三退四

红方退马正确，不能让黑方炮2平7牵制三路线。

④……　　　　　炮9退1

⑤兵三进一（红方主动）

简化、解危

第349题

①车八平二　　炮8进2

②车二退一　　卒7进1

③马五退六（双方大体均势）

第350题

①炮二平一

红方平炮伏抽，强行兑子，化解险情！

①……　　　　　炮9退9

②车二进六　　士5退6

③车二平一（和棋）

第351题

①车八进三　　炮2进3

②车八进二　　车2进1

③马六进八（双方均势）

第352题

①炮五平九

红炮打边卒邀兑，既可解围，又为中马腾路，攻守兼备。

①……　　　　　车2进1

②帅五进一　　卒7平6

③车六退三（红方易走）

第353题

①车三平八

红方平车邀兑黑炮，以下黑方有炮2进7兑炮和炮2平3不兑炮两种选择。

着法1：炮2进7

①……　　　　　炮2进7

②马七退八　　卒9进1

③马三进四　　马3退4

④马四进六　　车4进4

（双方均势）

着法2：炮2平3

①……　　　　　炮2平3

②马三进四　　马3退4

③马四进六　　车4进4

④炮八平九　　炮8进1

（大体均势）

第354题

①炮一平二　　马4进3

②车七平四　　炮8进3

③车四平二　　马8退7

④炮八进五（红方易走）

第355题

①炮三平七

红方兑炮简化局面，增强对局面的控制力。

①……　　　　　炮3退4

黑方如车8平3，则炮七平五，象7进5，车二进一，红方得子。

②车八平七　　车4退6

黑方如士5退4，则车七退三，

黑方不能车 4 进 1 吃炮，否则红方有车七平五叫将的手段。

③车七退三　象 7 进 5

④炮六平五（红优）

第 356 题

①炮三平四　炮 6 进 2

②仕五进四　马 2 进 1

③马三退四　马 1 进 3

④炮六平一（双方均势）

第 357 题

①炮四平七　车 2 进 2

黑方如炮 3 进 5，则马八进七，炮 3 退 6，车八进八，炮 3 平 6，车八平九，红方大优。

②车八进六　马 1 进 2

③炮七进五　马 2 退 1

④炮七进一（红方主动）

第 358 题

①炮六退一

红方退炮邀兑，先手摆脱牵制，着法明快。

①……　　　士 6 进 5

②炮六平二　炮 1 平 8

③车六平二　炮 8 平 9

④马三退二（红方主动）

第 359 题

①炮六进五

红方进炮强兑，势在必行，否

则黑方有炮 3 进 1 的先手。

①……　　　士 5 进 4

黑方如炮 8 平 4，则车三平五，卒 3 进 1，车五平七，马 4 退 2，兵五进一，红方主动。

②车三平五　士 4 退 5

③车五平九　马 4 进 2

④相七进五（红方主动）

第 360 题

①炮二进二　炮 4 进 4

黑方如炮 4 平 8，则马四进二，和势。

②马四退二　炮 4 平 5

③帅五平六　将 5 平 6

④马二退三（双方均势）

第 361 题

①车一平五　车 7 进 2

黑方如象 3 进 5，则车五平六，车 7 进 2，帅五平六，黑方必须要弃还一子，红方主动。

②车五退二　车 7 退 4

③马一退二　车 7 平 4

④车五进一（双方均势）

第 362 题

①炮五退一

红方退炮邀兑，简化局面。

①……　　　车 1 平 7

②炮五平二

红方弃掉三路马，确保下风中守和。

②……　　　　卒7平8

③车一平二　　车7退4

④相七进五　　车7进1

⑤车二进二（双方和势）

第363题

①炮五平七　　车2平6

黑方如炮3进5，则马五进七，马7进6，仕六进五，马6进7，相七进五，红方调整好阵形，双方均势。

②炮七进五　　炮6平3

③马五进三　　炮3平4

④炮八平五　　后车进3

⑤车八进六（双方大体均势）

第364题

①相五进七　　炮3平7

②马一进三　　马8进7

③炮七平三　　卒5进1

④马六进七　　卒5进1

⑤炮三退三

黑方以后可以通过卒5平6得回一炮，但局势已然简化，双方和势。

第365题

①炮五进四　　炮2平5

黑方如士4进5，则车三平八，车8进2，炮五退一，炮2平4，

马二退四，车3进2，车七进三，炮7平3，相七进五，红方主动。

②炮五进二　　炮7平3

③炮五平六　　车8平4

④相七进五　　车3进1

⑤马七进八（双方均势）

第366题

①炮八平七

红方平炮缓解左翼的防守压力。

①……　　　　炮3进6

②马八退七　　马3进2

③车二进三　　车3进7

④车二平三　　车3退3

⑤车三平四（红方易走）

第367题

①车二平五　　车9平8

②马四退三　　车8进2

③车五退一　　车8平7

④车五进四　　将5平6

⑤车五平七（双方和势）

第368题

①炮五进三　　士4进5

②兵七进一　　马7进6

③车二平四　　马6进4

④兵七进一　　象5进3

⑤相九退七（双方均势）

第369题

①炮三进五

兑炮简化局面，减轻左翼防守压力。

① ……　　　前炮平7
② 马一退三　马9进7
③ 车二进三　马3进5
④ 相七进五　炮3进6
⑤ 仕五退六（红方主动）

第 370 题
① 炮九退二　炮5平1
② 兵九进一　卒3进1
③ 兵七进一　象5进3
④ 兵九进一　象3退5
⑤ 兵九平八（红方主动）

第 371 题
① 炮四进四

红方阵形严整而黑方阵形散乱，红一路通头兵较黑3路卒更有潜力，红方准备利用兑子战术简化局面。

① ……　　　车7平9
② 炮四平六　车9进4
③ 仕五退四　士5进4
④ 车二进四　车9平8
⑤ 车二平一　车8退2
⑥ 车一退一（双方均势）

第 372 题
① 炮九退五　炮8平1

黑方如炮8退3，则炮九平五，

象7退5，炮五平六，象9退7，炮三平一，炮2进5，马四进二，红方子力位置调形后，更为易走。

② 兵九进一　炮2进5
③ 仕五进六　马6进8
④ 兵五进一　马8进6
⑤ 兵五进一　卒5进1
⑥ 马三进五（双方大体均势）

谋子（含谋士象）

第 373 题
① 仕五进六

红方扬仕叫将，迫使黑方兑炮应将。

① ……　　　炮1平4
② 车四退一　将4退1
③ 兵五进一　车5进1
④ 马四进六（红优）

第 374 题
① 前炮进二　象7进5
② 炮五进五　马3退1
③ 车九平八　车8进4
④ 车八进八（红方大优）

第 375 题
① 前炮进三　卒5进1
② 车六进六　士5进4
③ 马五退六　士4退5
④ 马六进七（红优）

174

第376题

① 后炮进六　炮7平3

② 马六进八　炮3退2

③ 马八进七　炮3进1

④ 炮七进二（红优）

第377题

① 马三进二　前马进6

② 马二退四　炮8平2

③ 马四进五　马7进5

④ 炮二平五

至此，黑马已经无处可逃。黑方如强行保子，走象1进3，则马五退四，象7进5，马四进六，红方仍可得子。

第378题

① 炮七进五　炮8平3

② 车二进九　车1平4

③ 炮五退四　车4进3

④ 仕六进五（红方主动）

第379题

① 马八进六　马4退5

② 马六退五　士5退4

③ 马五进六　车4退1

④ 马六退八　将5进1

⑤ 马八退六（红方大优）

第380题

① 炮五进五　象3进5

② 炮八进四　象5退3

③ 帅五平四　卒7平6

④ 车四平五　车1平2

⑤ 炮八平九（红优）

第4章　兑兵

争先

第381题

① 兵三进一　卒7进1

② 兵七进一　象5进3

③ 炮五平三　马7退5

黑方如马3退5，则车五平三，马7进6，炮八平九，以后红方有炮九进四的机会，红优。

④ 车五平三（红方易走）

第382题

① 兵三进一　象5进7

② 车四进二

进车卒林墼住象眼并捉卒，红方先手扩大。

② ……　　　炮2平5

③ 相三进五　车2进1

④ 炮六进二

红方进炮好棋，如仕四进五，则马3进2，车四平五，马2进3，黑方下一手马3进2，红方有麻烦。

第383题

① 兵五进一　马4进5

② 车八平五　马8退7

③ 炮七平五　士6进5

黑方如车7平5，则马六进七，车5进1，车五平六，黑车被打死。

④ 炮五进三　马7进5

⑤ 车五进一（红优）

第384题

① 兵七进一　卒3进1

黑方如马3进2，则兵七进一，马2进1，炮七进一，车8进3，车六进四，炮2进5，车六平四，炮2平7，车三平八，红优。

② 车三平七　马3进2

③ 车六进四　马2进1

④ 车七退一　马1进3

⑤ 车六平四

以下黑方如车1平3，则车七进六，象5退3，车四退一，红方主动。

第385题

① 兵三进一　卒7进1

② 车二平三　炮3进2

③ 车八平七　车4平3

④ 炮七进四　炮8平7

⑤ 炮四进四（红方主动）

第386题

① 兵三进一　卒7进1

② 车五平三　马7进6

③ 车三平四　马6退7

④ 车四平六　前炮平8

⑤ 车六平三

以下黑方续走马7进6，则车三平四，马6退7，车四退一，红方主动。

第387题

① 兵二平三　卒7进1

② 兵三进一　车6进3

黑方如用象换兵，改走象5进7，则马一退三，车6平7，马三进一，车7平6，车二平三，红方主动。

③ 马七进八　卒5进1

④ 兵五进一　车6平5

⑤ 相九退七　车5平9

⑥ 兵三平二

双方对峙，红方易走。

第388题

① 兵三进一　卒7进1

黑方如车2进2，则兵三进一，车2平4，车三进三，车8进1，仕六进五，车8平6，车三平八，黑方缺士且将位不佳，红方车、炮、兵有攻势。

② 车三进五　象7进5

③ 车三平四　车2进5

④ 车四进三　将5退1

⑤ 车四进一　将5进1

⑥ 马六进八（红方主动）

176

简化、占位

第 389 题

① 兵五进一　卒 5 进 1

② 马七进五　马 6 退 8

③ 兵一进一　卒 9 进 1

④ 马三进一（双方均势）

第 390 题

① 兵三进一　卒 7 进 1

② 车三进二　炮 5 进 5

③ 相七进五　象 7 进 5

④ 车三平四（双方均势）

第 391 题

① 兵三进一　卒 7 进 1

② 车五平三　车 6 平 5

黑方如改走将 5 平 4，则车三平六，将 4 平 5，车六退三，炮 3 进 1，车八退六，捉死黑炮。

③ 车三平四　车 3 平 4

④ 帅五平四

精巧的"定身法"，锁住黑车使其不能离开中路。

第 392 题

① 兵九进一

红方兑兵活通边马，正着。否则被黑方先走到马 2 进 1，则红方不利。

① ……　卒 1 进 1

② 车四平九　士 6 进 5

③ 车九进一　马 2 退 1

④ 马九进八（红方主动）

第 393 题

① 兵五进一　卒 5 进 1

② 车七平五　前车平 2

③ 相一退三　车 2 进 3

④ 车五平七（双方均势）

第 394 题

① 兵七进一　车 8 退 2

② 马七进八　卒 3 进 1

③ 相九进七　象 5 进 3

④ 马七退九（红方主动）

第 395 题

① 兵三进一　卒 7 进 1

② 炮三进三　车 8 进 5

③ 马三进四　炮 5 平 8

④ 仕六进五（双方大体均势）

第 396 题

① 兵九进一

红方边兵疾进，从而便于右车左移，集中力量攻其一翼。

① ……　卒 1 进 1

② 车二平九　卒 3 进 1

③ 马九退七　车 4 进 2

④ 相五进七　车 4 平 3

⑤ 相七退五（红方易走）

第5章　一车换双

第397题

① 马七进六

红方进马捉马，实施一车换双计划。

①……　　　　象3进5

黑方如马6进4，则车三退二，红方大优。

② 马六进四　象5退7

③ 马四进三

红方一车换双后，红方多相占优。

第398题

① 炮九平七　炮8平2

② 炮七退五　车6退2

③ 马六进八（红优）

第399题

① 车二进五　马7进8

② 兵三平二　炮8平3

③ 马三进四

从子力的价值来讲，红方一车换双并不划算，但此局是个例外，因红方有一兵过河，且马炮结构的配置极佳，明显占优。

第400题

① 车五退三　车4平5

② 马五进七　车5平3

③ 马七退八　车3平9

④ 炮九进六（红方主动）

第401题

① 车七平四　马4进6

② 车三平四　车8进9

③ 马三退二　车6退3

④ 炮三退六（双方大体均势）

第402题

① 炮七平四

红方炮口献炮，突发冷箭。

①……　　　　炮5平3

黑方如改走炮6进6，则车四退三，炮6平3，车七进一，卒3进1，仕四进五，炮5平4，车四进一，卒3进1，车七退五，炮3平2，炮一进四，红方大占优势。

② 车四平七　炮6进6

③ 前车退一　马6进7

④ 车七退二（红优）

第403题

① 马五进三　马7进8

② 炮三退二　马8退6

③ 马三进四　车8退6

④ 车九退一（均势）

第404题

① 兵七进一

红方冲兵迫使黑方一车换双。

①……　　　　车3退2

②炮四进四　　车3进4

③炮四平八　　车3平7

④相七进五（红方主动）

第405题

①炮七退一

红方退炮好棋，为一车换双简化局势创造出机会。

①……　　　　车6平3

②车八进三　　车4退1

③车八平六　　将5平4

④炮七平一（红方主动）

第406题

①车三进六

红方进车换马炮，打开黑方右翼缺口，是兑子争先的佳着。

①……　　　　马8退7

②车七进一　　士5退6

黑方如改走车6退3，则车七平五吃象，形成绝杀。

③炮八进四　　士4进5

④马七进八（红优）

第407题

①车二平四　　炮5平6

②车四进六

红方一车换双，撕开黑方防线，争先的好棋。

②……　　　　士5进6

③炮二平四　　士6退5

④车八平三（红优）

第408题

①马九进七　　马5进3

黑方如车1平3，则马七退五，马5进3，马五进三，炮8退2，炮二平五，红方空头炮优势难以动摇。

②马七进九　　车9平1

③车一平四　　马7进6

④兵三进一（红优）

第409题

①马八进六

红方进马交换，为一车换双解除拴牵创造条件。

①……　　　　马2退3

②炮八平六　　马4退2

③马六进七　　炮2进7

④马七退八（红优）

第410题

①车三平八　　炮4平3

黑方如马2进4，则车七进一，马4进5，车七进一，马5退3，车八平七，黑方无法得回失子，红优。

②车七进一　　马2进3

③车八进六　　士5退4

④炮七进六　　车4退2

⑤兵一进一（双方大体均势）

第411题

① 前车平二　车5退1

② 炮二进五　车5平8

③ 马三进四　将5进1

④ 马四退六　炮2平4

⑤ 炮二平六

黑方阵形散乱，红方主动。

第412题

① 车三进一　马6退7

② 炮三进七　象5退3

③ 炮八平五　车2平5

④ 炮三平九　象3进1

黑方如改走车5进1，则炮九进二，士5退4，马三进四，车8平6，马七进六，车5平6，马六进四，车6进1，马四退三，红方多子占优。

⑤ 炮五退二（红优）

第413题

① 兵七进一

红方冲兵作为进攻支点，逼迫黑方一车换双。

① ……　　　后炮进4

黑方如车7平4，则马四退六，车3平6，炮六进四，马2退4，炮二平三，红优。

② 马八进六　车4进1

③ 兵七平六　车7平4

④ 车八进四　马9进8

⑤ 车二平三（红优）

第414题

① 车二进四

红方一车换双，恰到好处，由此撕开黑方防线。

① ……　　　马7进8

② 后炮进四　车4平2

黑方如马8进7，则前炮进三，将4进1，后炮平六，车4平6，马七退六，车6平4，马六退八，红方得车胜定。

③ 马七退六　士4进5

④ 后炮平六　车2平4

⑤ 炮八平二（红优）

第415题

① 马三退四　炮7进8

② 车三退四　车8平7

③ 马四进六　炮2平4

④ 马六退八　士4进5

黑方上士，应法正确！如改走炮4进2，则炮七进三，炮4平2，车九平八，红优。

⑤ 车九平八（双方均势）

第416题

① 炮二进六　车8进4

② 炮二平七　车8退8

③ 车八进六

抢占卒林线是红方一车换双的

180

后续手段。

③……　　　　卒 5 进 1

④车八平五　车 8 平 3

⑤炮七退一（红优）

第 417 题

①车七进四

红方一车换双是箭在弦上，不得不发。

①……　　　　炮 4 平 6

②车七进二　车 2 平 4

③炮五平七

红方平炮攻象，着法有力。

③……　　　　象 3 进 5

④车七平五　车 4 平 3

⑤车五平三（红优）

第 418 题

①车三平五

红方用车吃炮准备实施一车换双战术，消除黑方后续进攻力量。

①……　　　　象 3 进 5

②相七进五　马 1 退 3

③马九进八　炮 5 平 7

④相五退七　炮 7 退 2

⑤兵五进一（双方均势）

第 419 题

①车二进五　炮 1 平 3

②兵七进一　卒 1 进 1

黑方挺边卒为 3 路马腾挪出位

置，保持子力的灵活性，防守的好棋。如直接走炮 3 进 2，则兵七进一，马 3 退 5，炮九进四，接下来伏有炮九平五的手段，红优。

③车二退一　炮 3 进 2

④兵七进一　马 3 进 1

⑤马七进八　马 1 进 3

⑥车二平七（双方均势）

第 420 题

①车七退一

红方退车吃马，主动一车换双为中路进攻创造机会。

①……　　　　炮 9 平 4

②炮五进四　马 5 进 4

③车七平五　炮 4 平 5

④车五平九　炮 5 平 1

⑤车九平六　车 7 进 1

⑥车六退一（红方主动）

第 421 题

①车四退一

红方退车换双，摧毁了对方的防卫力量，打开了进攻之门，是获胜的关键。

①……　　　　炮 5 进 4

黑方如改走士 5 进 6 去车，则车七进一，士 6 退 5，炮五进四，车 2 退 8，车七退四吃卒后，红方死马得活，可占优势。

②炮五进四　　士5进6

③车七进一　　卒7进1

④车七进二　　将5进1

⑤车七退六　　炮5退1

⑥马九进八（红优）

第422题

①马四退五

红方退马迫使黑方一车换双，为争先创造条件。

①……　　　炮6平5

②马五进七　　卒3进1

黑方如卒3平2，则仕六进五，车6进4，前马进五，卒5进1，马五进七，马7进5，前马进八，炮5平2，车二退二，红优。

③仕六进五　　车6进4

④炮八平五　　卒7进1

⑤车二进四　　卒3进1

⑥车二平六（红方主动）

第423题

①车四进七

红方用肋车吃炮，然后进左车逼死边马，可以取势。

①……　　　士5进6

②车八进一　　车3平6

③炮八平四　　车6平4

④车八平五　　士6退5

⑤炮四平六　　车4退3

⑥车五平八（红方主动）

第424题

①炮六平二

红方平炮闪击，迫使黑方一车换双。

①……　　　车5平3

黑方如车5平8，则后炮平五，再次闪击黑车，红方大优。

②后炮进七　　马9退8

③炮二平五　　车3进1

黑方如马3进5，则车八平五，士4进5，马七进五，红方主动。

④炮五平七　　车3平8

⑤炮七进三　　士4进5

⑥车二平三（红方主动）

第6章　马炮互换

第425题

①马七进五

黑方伏有前炮进3打仕的手段，红方必须以马换炮。

①……　　　象7进5

②车五平一（红方易走）

第426题

①炮四进五　　士5进6

②车四平七

虽然是交换子力，但红车炮归边，形成抽将之势，红方主动。

第 427 题

① 炮一进七　炮 2 平 9

② 车二进二（红方主动）

第 428 题

① 炮七进三　马 1 退 3

② 兵七进一（红方主动）

第 429 题

① 前炮平八　炮 2 进 3

② 车三进三　马 2 退 3

③ 车六平四

通过马炮互换，撕开黑方防线，红优。

第 430 题

① 炮三进六　炮 3 平 7

② 车三平九　炮 7 进 4

进炮弃马无奈之着，如改走车 2 退 1，则马五进七，黑方亦难逃失子的命运。

③ 车九退一（红优）

第 431 题

① 马三进二　炮 2 平 8

② 车二平四　马 6 进 5

③ 车四进五（红方易走）

第 432 题

① 炮六进三　马 6 进 5

② 炮三平八

红方兑子简化局面，着法简明。

② ……　　　马 5 退 4

③ 马一进二（红优）

第 433 题

① 炮七平八　炮 2 进 2

② 车四平八　马 2 退 3

③ 炮八平九（红方主动）

第 434 题

① 炮五进四　马 3 进 5

② 炮八平五　将 5 平 4

③ 炮五平九（红方主动）

第 435 题

① 马六进七　炮 4 进 4

② 车六进二　车 2 退 3

③ 车六平九（红方主动）

第 436 题

① 相三进五　马 3 进 5

② 车八平五　车 2 进 5

③ 车二进五（红优）

第 437 题

① 马七退九　卒 1 进 1

② 炮七进五　车 3 进 2

③ 车六进五

好棋！红方伏有炮八平五后再车八进五的杀棋，黑方难以化解！

第 438 题

① 炮八平五

红方用炮换马，趁机吃掉黑方过河卒，形成多兵优势。

① ……　　　马 3 退 5

183

② 马二退四　马 5 进 6

③ 马四退二（红优）

第 439 题

① 炮八进六　马 3 退 2

② 车八进九　车 3 平 4

③ 车八平七　士 5 退 4

④ 车二进三（红方主动）

第 440 题

① 车三进三　后炮进 4

② 车三平二　炮 8 退 1

③ 车二退一　卒 9 进 1

④ 炮七平三（红方主动）

第 441 题

① 炮四平七　车 3 平 4

黑方如马 4 退 3，则车五进二，马 3 进 4，车五退二，马 4 进 3，炮九平七，红方主动。

② 马七进六　炮 5 进 3

③ 马六进五　象 7 进 5

黑方如车 4 退 3，则马五退三，车 4 平 7，兵五进一，车 7 进 1，炮七平五，红方立空头炮后，大占优势。

④ 兵五进一（红方主动）

第 442 题

① 车二平一　车 6 平 7

② 炮三进七　士 6 进 5

③ 炮三平六　士 5 退 6

④ 炮六平四（红优）

第 443 题

① 马三退四　卒 9 进 1

② 马二退四　后炮进 3

③ 后马进二　炮 8 平 7

④ 马二进四（红方主动）

第 444 题

① 炮六退一

红方退炮串打，迫使黑方以马换炮。

① ……　马 8 进 6

② 车四进二　炮 9 平 4

③ 马九退七　炮 4 退 1

④ 马七进八

以下黑方如车 2 进 4，则车三进一，红方子力位置好，占据优势。又如车 7 平 8 调整阵形，则马八进九主动交换，红方占优。

第 445 题

① 马五进四　车 2 平 6

② 马七进九　车 6 平 4

③ 兵七进一　车 4 退 3

④ 炮七进四（红优）

第 446 题

① 炮三平七　车 1 进 2

② 炮七进一　炮 5 进 3

③ 炮七平一　象 3 进 5

④ 兵五进一（红方主动）

第 447 题

① 炮八进一　车 9 退 1

② 炮七进三　马 5 进 3

③ 马七退八　车 4 平 1

④ 车七进六（红优）

第 448 题

① 车三进二

红方趁机进车互捉，目的是兑子抢先。

① ……　　　炮 6 进 1

② 车八进一　车 1 平 2

③ 车八进一　车 8 平 2

④ 车三平七（红优）

第 449 题

① 车九进一　炮 2 进 7

② 车九平四　卒 7 进 1

③ 车四平八　炮 2 退 2

④ 车八进一（红方主动）

第 450 题

① 炮七进五　车 3 退 2

② 马八进九　炮 2 退 2

③ 车四进二　炮 2 平 3

④ 仕六进五（红方易走）

第 451 题

① 炮三平二　炮 8 进 5

② 车一进二　炮 8 退 1

③ 车七进一　炮 1 进 4

④ 炮五进四（红方主动）

第 452 题

① 炮二平五　马 3 进 5

② 炮五进四　象 7 进 5

③ 炮五进二　车 9 平 5

④ 兵五进一

红方解决双马呆滞的问题，双方大体均势。

第 453 题

① 炮七进一

红方进炮打车，迫使黑方进行交换。

① ……　　　炮 8 进 7

② 车三平二　前车进 1

③ 车二平四　马 6 进 5

黑方如改走马 6 进 8，则车八进七，卒 7 平 6，车四进四，后车平 6，车四平二，马 8 进 7，炮五进一，红方有攻势。

④ 马六进五　后车平 5

⑤ 车八进七（红优）

第 454 题

① 前马退三　炮 4 平 5

② 马三退五　车 7 退 3

③ 兵三进一　卒 9 进 1

黑方如直接走炮 5 进 2，则马五进四，士 5 进 6，马四进六，将 5 进 1，兵九进一，红方大优。

④ 相三进五　炮 5 进 2

⑤ 仕四进五（红优）

第455题

①前炮退三

红方以炮换马，削弱黑方的进攻力量。

①……　　　车2平4

②兵六平五　炮9平3

③炮六平七

红方兑炮正着！如改走车七平八，则马5退7，车八进四，炮3平5，局面透松，红方进攻不易展开。

③……　　　炮3进5

④车七进二　马5退7

⑤车七进三（红优）

第456题

①炮三进五

红方以炮换马以后，制造出了黑方8路上车炮受牵的弱形。

①……　　　炮4平7

②车六平三　炮7进2

③兵七进一　卒3进1

④车三平七　马3进4

⑤马七进六（红方易走）

第457题

①马四进二　马6进8

②炮七进二　车2进4

③车六进三　车2平3

④炮五平七　车3平5

⑤车六平七（双方均势）

第458题

①车六进六　炮5进1

②炮二平七　炮5平2

③车六平七　炮7平3

④炮七退四　炮2平5

⑤车七进二（红方易走）

第459题

①马七进八

红方若掉以轻心误走相五进七，则炮4平3，兵五进一，车4进2，兵五平六，车4平5，兵六平七，车5进3，士四进五，炮2平8，黑方巧得一子。

①……　　　炮4平3

②马六退七　卒3平2

③马七进八　车4进2

④马八进九　炮3进4

⑤炮五平三（红方主动）

第460题

①前炮平六

红方平前炮是佳着！伏炮五平六攻车的手段，迫使黑方被动交换，由此确立优势局面。

①……　　　马3进2

②车八退一　车4进1

③马七退五　炮3平2

④车八平六　车4进1

⑤马四进六（红优）